广西庆祝中国共产党成立100周年主题出版项目

湘江战役的民间记忆

刘玉 ／ 著

GUANGXI NORMAL UNIVERSITY PRESS

广西师范大学出版社

·桂林·

湘江战役的民间记忆
XIANGJIANG ZHANYI DE MINJIAN JIYI

图书在版编目（CIP）数据

湘江战役的民间记忆 / 刘玉著. --桂林：广西师
范大学出版社，2021.6
  ISBN 978-7-5598-3831-5

Ⅰ. ①湘… Ⅱ. ①刘… Ⅲ. ①中国工农红军长征一
史料②湘江战役(1934)－史料 Ⅳ. ①K264.406②E297.23

中国版本图书馆 CIP 数据核字（2021）第 112058 号

广西师范大学出版社出版发行

（广西桂林市五里店路9号　邮政编码：541004）
（网址：http://www.bbtpress.com）
出版人：黄轩庄
全国新华书店经销
广西广大印务有限责任公司印刷
（桂林市临桂区秧塘工业园西城大道北侧广西师范大学出版社
集团有限公司创意产业园内　邮政编码：541199）
开本：880 mm ×1 240 mm　1/32
印张：10　　字数：248 千
2021 年 6 月第 1 版　　2021 年 6 月第 1 次印刷
定价：58.00 元

如发现印装质量问题，影响阅读，请与出版社发行部门联系调换。

写在前面

　　每有新书出版，我便会择受访者呈上，而有些是送不得的，因为，他们或已作古。那日，将《征服老山界》送到一瑶族老汉手里，忐忑地看着他，担心老汉不识字，说你送我这个用不着啊。不料他接过书后对我笑了笑，然后漫不经心地说："哦，老山界，我出生、长大的地方，我来看看。"

　　语毕，老汉不再理我，全神贯注地看起书来。

　　老汉听力极差，所以平日里鲜少与外人搭话，假使你非要说，他便报以一笑。有事不得不说的时候，只能请儿子代劳。他们父子交流，一概用瑶话，你一句也听不懂，便只有瞪大眼睛干着急的份儿。

　　彼时，他正坐在马路对面的一堆乱石上晒太阳。他刚丢了烟头，神情怡然自得。

　　他的身后，是两棵参天大树，有如在半空撑起两把巨伞，午后暖阳穿过树梢，洒在被岁月压弯的脊梁上，洒在花白的头发和干净的柏油路上。六峒河水清澈见底，在他身后缓缓流淌，朝山外蜿蜒而去。

　　一辆银色轿车飞驰而过，老汉依旧没有抬头。家门口的车来车往，他早已习惯，一如习惯了拔地而起、林立于田间地头的楼房。挤进人群，踮起脚尖看稀奇，那是从前。

老汉竟然是识字的。

这我就放心了，相信一个识字的人自然不会把书扔了，要不，我还得蹲守在旁边，等他把书丢到河边再捡回来。

我助老汉找到其中一页，他目光缓缓落在纸上。那一页有他家的故事。那数千字，是我陪老汉坐在火塘边喝了几餐酒换来的。刚才还开怀大笑的老汉，突然严肃起来。中央红军打湘江战役那年，他的父亲去给红军带路还没回，他才四岁，光着屁股挂着鼻涕趴在他老娘背上。而今时过境迁，物是人非，他父亲的故事通过他的口述，在散发着油墨味道的书中重现。他从故事里走出，正坐在马路对面的一堆乱石上晒太阳，翻开书页，又回到故事里。

这令我想到一个题目——阳光下阅读自己的亲历者。

每每看到他们捧着落有自己故事的书本，或开怀，或凝重，或眼含热泪，我都莫名感慨，这或许正是口述历史的魅力所在，有的人会把它视若传家宝。新书《湘江战役的民间记忆》即将付梓，我便忍不住偷偷在想，若干年后，有人想寻找时间褶皱里的一点记忆，也在这样一个阳光明媚的午后，从某个图书馆一角翻出它来，拂去尘埃，有用的哪怕仅只言片语，或一个时间，一个地点，一个名字，一个细节，一些痛一些爱，于乐此不疲的写作者而言，也值。累并快乐着。

刘玉

2021. 6. 3

目 录

引　子

　　1934年10月，中央红军从苏区出发，开始了震惊世界的战略大转移——长征。

　　2个纵队，5个军团，86 000多人。那个夕阳西沉的黄昏，中央红军从于都河畔匆匆出发。

　　4天4夜，红军将士或走浮桥，或摆渡，或涉水过河。

　　指战员们心情激动，不断回头，凝望中央根据地的山山水水，告别在河边送行的战友和亲人。

　　滚滚的河水泛着黄色泡沫翻腾着，秋风发出呼啸，像吹起了进军的号角。

　　随后，他们一路过关斩将，历时40余天，突破了国民党布下的三道封锁线。11月25日开始，由湘桂交界之地永安关、雷口关陆续进入广西。灌阳、全州、兴安，正是广西境内的湘桂门户。三座城镇构成一个等腰三角形，岭南咽喉全州似三角形顶点，灌阳、兴安一线拉成三角形的底边。湘、粤、桂军与国民党中央军摆开阵势，在"铁三角"长约130公里、宽约50公里的地域张开口袋。国民党兵分五路，前堵后追、北压南挡、两侧夹击，只等中央红军撞进"铁三角"，发动铁壁合围，企图彻底将中央红军消灭在湘江东岸。

早在11月12日，蒋介石就任命湖南省主席何键为"追剿军"总司令，并将其嫡系薛岳和周浑元所部划归何键指挥，令其率在湘各部和团队，实现歼灭红军于湘水以东的作战计划。15日，桂军副总司令白崇禧电复何键，表示了"协力堵剿"的决心。16日，湘、桂双方在全州会商联合防堵的作战部署。双方商定：利用湘、漓两水天险，严密布控。防区的划分是以黄沙河为界，湘军布防衡阳、零陵、东安至黄沙河一线；桂军布防兴安、全州、灌阳至黄沙河（不含）一线。为此，共投入兵力约26个师，近30万人，在湘江以东地域部署了一个大包围圈，自东向西收缩，逼中央红军决战。

中央红军唯一的出路，只有抢渡湘江！

唯有抢渡湘江，撞开湘、桂两军主力布防的湘江门户，才能摆脱被扼杀的命运，摆脱这场灭顶之灾。

湘桂交界之地，战云密布，杀机重重。

蒋介石坐镇南昌行营，每天都在关注着湘江两岸各军的动向。

中革军委决定，红八、红九军团虚晃一枪，佯攻龙虎关，以吸引桂军南调。

白崇禧接到报告后异常紧张，为防红军攻取桂林，深入广西腹地，遂报经蒋介石同意，令桂军主力从全州、兴安一线南移龙虎关、恭城一带，阻止红军进入广西腹地，并防止蒋军乘机入桂。

中革军委于25日决定，分四路纵队进入广西，从全州、兴安间抢渡湘江，突破国民党军第四道封锁线，前出到湘桂边界的西延（今资源县）地区。此时，中央红军已连续突破国民党的三道封锁线，部队虽有减员，但建制是完整的。除中共中央、中央政府、中革军委机关和直属部所组建的军委纵队（第一纵队）、中央纵队（第二纵队），还有红一方面军所属的第一军团、第三军团、第五军团、第八军团、第九军团。作战部队共计 12 个师，36 个团。为掩护军委、中央纵队及后续军团渡过湘江，红一、红三军团奉命迅速抢占四大渡口，并在灌阳之新圩、全州之脚山铺、兴安之光华铺等地域构筑工事，阻击敌军；红五军团继续作为全军后卫，负责截击和迟滞尾追之敌。

桂军主力于 11 月 26 日开始由恭城向北调动。

湘军于 11 月 27 日抢占全州城。

旌旗猎猎，战马嘶鸣。

当日，中央红军陷入国民党军队第四道封锁线的重兵围堵之中，决定中央红军生死存亡的湘江战役打响了……一声枪响撕裂了山村的平静，焦土烈焰，天崩地裂，湘江两岸血肉横飞，毁灭了一切惯常。

每一次战斗，都有年轻的士兵倒在湘江两岸。

每一次战斗，都在书写苦难辉煌。

每一次战斗，都在铭刻忠诚信仰。

机枪扫射，炮弹爆破，飞机轰炸，千种怪啸撕裂空气。

焦土烈焰，水柱擎天，天崩地裂，十万火急血肉纷飞。

血染的桂北大地，还书写着军民鱼水情。

湘江北望，万山红遍。中央红军长征经过的地方，留下了大量鲜为人知的故事。时间虽然过去了 87 年，历史的车轮，不仅没有淡化红飘带刻画的光影，还因岁月的磨砺而愈发神圣。这些传奇散落于桂北大地，以各种形式传诵，虽是纯民间的非文本记忆碎片，却能穿越时空代代相传。

民间记忆，原本就是一部鲜活的历史。湘江两岸百姓，有为红军架桥的，有为红军疗伤的，有为红军送饭的，有为红军带路的，有为红军挑担的，有为红军守墓的……有汉族，也有苗、瑶、壮、侗等少数民族。

山野田间，我似推开一扇扇尘封的窗，靠近一条条记忆的河，倾听48位老人娓娓道来。

战争是伤痛的。

他们丧亲，被战争摧残、折磨，内心世界崩塌……他们怜悯、救助红军的伤员，直至看到新希望。

我试图通过对细节的记录，还原血脉生动的历史原态。

亲历者是鲜活的。

他们带着伤，带着痛，带着穿越沧桑之后的淡然。他们的话语时常是断裂或跳跃的，有时候是因为过去的伤痛，有时候是因为现在的年老。

他们在逆境里抗争，在苦难中锤炼。

他们冒着被杀头的危险，帮助红军。

那些故事，我以为早已谙熟于心。直到正式动笔，方觉它们离我那么遥远，遥远到只能看到一个模糊的轮廓。我只好老老实实地沿着他们的足迹，追寻故事的主人公们留下的蛛丝马迹，抽丝剥茧，用有限的碎片做一份拼图，力求将事实还原。

我从湘江畔出发，一遍又一遍沿着他们的足迹追寻。

我从湘江出发，又回到湘江。

湘江北望，大地苍茫。

硝烟早已散尽，大地鸟语花香，渔樵耕读南来北往。

半个世纪前，战火是真实的，新生是真实的。亲历者纵横的皱褶里藏的有它们，老人疼痛的记忆里藏的有它们。

一床棉被

资料显示，中央红军从苏区突围前，每人发放了一套新军装，经过近三个月转战多已磨损。占领遵义后，中央红军休整近半月，被服厂日夜开工，为每人补充了一两套新军装。此后部队持续行军九个月，无法统一补充服装，到达陕北时多数已衣衫褴褛。

1935年6月中央红军过雪山前，在荒凉的地区根本找不到多少能够御寒的棉衣，只好找来少量白酒和大量辣椒让指战员取暖。当时部队还穿着单衣，只好把背包中的被子打开披在身上，嚼着辣椒，在高昂的口号声中开始爬山。

红军经过水车, 瞿顺
修帮助红军架浮桥,
分别时红军送给瞿顺
修的棉被

1934年11月，是个极不寻常的月份。

那段时间，我总感觉心里发慌，古话讲"左眼跳财，右眼跳灾"，可我两边眼皮都跳，一直在跳，用了好多土办法都止不住。

我一直在担心有大灾大难要来，整天心慌慌的。

果然，没过多久大事就来了——共产党和国民党在我家门口打了起来！

一个流落红军讲，他们从江西、福建出发，突破老蒋的第三道封锁线后，25号开始，由湖南和广西交界的永安关、雷口关进入我们灌阳县，在文市、水车（村）架设桥梁，准备横渡灌江后赶往湘江。还没过江呢，老蒋的人就噼噼啪啪打过来了。

早在红军到来前，李军（桂北人对桂军的称呼，意思是李宗仁的军队）为了堵截红军，已在桂北一带实行空室清野。他们在调集民团，征派民工赶筑工事、修碉堡、埋毒竹扦、设路障的同时，要求当地人把粮食、财物全部藏起来，叫老百姓赶快到山上躲"红匪"。

那两天，因为有风声说水车要过兵，村里好些人都去外面投奔亲戚了，剩下的，也都赶紧拖家带口往山上躲。我跟着人群走到半路，因刚满两岁的奶崽（桂北方言，意思是男孩）发高烧哭闹不止，只好趁着夜色返回家中。

夜里，有个穿灰色衣服的年轻人路过我家门口，听见孩子在哭，就进屋查看。

我很害怕，抱起奶崽想从后门离开。

他上前几步，抓住我的手腕说："老表，你不要怕，我是红军，路过你们文市，不会害你的。"

我紧紧护着孩子，不敢作声。

"这是怎么了？"他问。

我还是没讲话。奶崽昨天还活蹦乱跳的，今天就这样了，我火炉红军用过的"美最时"牌马灯。由铁和玻璃组合而成，保存完整，马灯外由三道铁箍及一道提梁组成，内为玻璃制灯罩，设计独特，能防风防雨，便于携带。"美最时"马灯是当年德国制造商在我国青岛制造的，民国时期普遍配备于军队，当时这种制造精美的马灯，售价相当于一个劳动力一个月的收入。

的（桂北方言，意思是妻子）讲过，肯定是昨晚遇见了不干净的东西。唉，这个调皮鬼，大半夜的，非闹着要到屋外厕尿，肯定就是那个时候，被不干净的东西缠上了。要找个人给他收惊才行，可是，眼下附近几个村的人全躲上山了，懂收惊的花娘婆（桂北方言，意思是神婆）肯定也不会在家等着我……

"细伢子滚烫啊，"他摸了摸奶崽的额头说，"老表，不要着急，我去帮你找个医生，你等我回来。"

没等我答话，他就转身跑开了。

我看着他的背影，心里非常害怕，偷偷瞄了一眼门后的柴刀，做好了最坏的打算，是祸躲不过，大不了拿自己这一百多斤和他拼了。

我一个没见过世面的老实农民，哪里见过扛枪的兵？但有什么办法呢？黑灯瞎火，有个年幼生病的孩子在身边，想再出去躲是不可能了，只能硬着头皮干着急，听着屋外呜呜嗷叫的北风，心里在打鼓，既希望他能帮找个医生来，又希望他不要再回来。

哪个不怕啊！

鬼晓得他是不是要带人来抢东西呢？

约莫过了半餐饭时间，当兵的回来了。他手里提着一盏马灯，身后跟着一个50岁左右的老红军，一身灰色衣服，消瘦的脸庞，眼窝深陷，看起来很疲倦的模样。他衣服很旧很脏，浑身上下到处都是补丁，有的地方，发黄的棉絮已经从破洞里跑出来。

"老表，"红军兵进门后说道，"医生来了，快让他看看细伢子。"

看着这两个当兵的，我紧张地搓着双手。年幼的奶崽突然病得厉害，加上马上要打仗，村里就剩我们一家人，我已经被吓得六神无主。

"老表，老表？"医官见我在发蒙，抬高嗓门喊道。

我赶忙给医官让座。

医官冲我摇摇手，麻直（桂北方言，径直的意思）朝躺在火塘边的奶崽走去。

我在火塘边铺了一摞稻草，奶崽蜷缩在稻草上，此时已经不再哭闹，只是脸颊通红，喉咙里发出吭哧吭哧的声音。我知道，崽是哭累了。医官来之前，我烧了个红薯，但一口也没喂进去。奶崽已经两天一夜没吃东西了。

医官蹲下，俯身，用右手背摸了摸孩子的额头，然后抬头看看我，没说话。

我站在一旁，使劲地搓着双手。

"细伢子是咽喉发炎引起发烧，脓点有点大，不过没有关系，"医官用手电筒照了照奶崽的喉咙，这才抬头说道，"吃点药就好了。"

见我没说话，医官接着说："给你拿两颗药。上午一颗，下午一颗，用温水送服。"说完，从背包里取出一个药瓶，倒出几粒药丸递给我。然后让我找来一块布，用冷水泡过后敷在孩子额头。

简直不敢相信，当兵的真会主动给穷人看病！

我双手接过药，还在发愣。

"我们要走了，你记得喂药。"医官说罢，示意年轻兵提上马灯，俩人一前一后走出门去。

"老表，老表，你不知道，这药珍贵着呢，一定要记得喂啊！"年轻兵一只脚刚跨出门槛，又快速缩进屋，用右手指着孩子，大声地朝我喊。这时我才看清，他的鼻子、脸颊和那只向前伸出的手，已经冻得通红。

见我使劲儿点了点头，他这才转身，大步追出门去。

屋外，寒风吹着河柳哗哗作响，我不由得打了个寒战，将脖子使劲儿往衣领里缩了缩。

我突然想起，火塘里还烧着几个红薯，忙扒出来，追出门去。俩人的身影已经消失在夜色里。村口，一束昏暗的亮光越来越远，逐渐消失在漆黑的夜里。我这才想起，天寒地冻的，他们竟一口热茶都没得喝，火也没来得及烤一下，就这样急匆匆地走了。我感觉好内疚。

第二天一大早，医官又来了，一个人来的。见孩子好了蛮多，叫我跟他回兵营拿药。

我指了指破败的屋子，对他说："不瞒你讲，我家里穷得饭都吃不上了，哪里有钱买药哦。"

医官朝四周扫了一眼，微笑着说："老表，不要钱，红军为老百姓治病不要钱，你随我去就是。"他笑的时候，露出两排黝黑的牙齿，我想那一定是烟熏的吧。他清瘦的脸上，满是皱纹，笑容收起后，脸上才略微平整一点。

下午，我见奶崽不再哭闹，就学着医官的模样，用手去摸他额头。

哎呀，总算退烧了！

家里要钱没钱，要米没米，该怎么感谢人家呢？这让我犯了愁。

好在我火炉的有办法，她搜出家中仅有的6个鸭蛋、8个柑子，用篮子装好，让我拿去送给红军医官。医官见到我手里的东西，连连摇手，一边后退一边说："老表，这可不行！我们是红军，红军是穷人的队伍，帮自家人治病，怎么能收你的东西呢？快拿回去。"

我放下东西，拔腿就跑。

回家的路上，我看到很多红军扛着木料匆匆往灌江赶，一打听，原来是要架浮桥。

我急忙跑回去把家里的大桌子、门板扛来交给红军。江边的风像刀子一样削得脸生疼。大家原本就衣着单薄，那是真冷啊！江中的水又深又急，桥桩还没种下去就被冲走了，根本固定不了。有几个红军战士急了，扑通扑通带头跳进水里。我也顾不得冷，甩掉衣服，走到江心，帮他们一起打桩。当时正值寒冬腊月，又是白霜天，江水冰冷刺骨，大家在齐胸深的水里咬牙坚持不了多久就要爬上岸休息一下，就这样，一直干了几个钟头，终于把桥墩固定好了。大冬天的，冷得他们够呛。

为了表示感谢，红军临走前送给我一床棉被。红军自己其实也是缺衣少食的，给了我，他们自己可能就没有了。可惜我当时没有想太多，就傻傻接在手里，连谢谢都忘记说。等我反应过来，他们已经走远。

在那个穷得没得屁打（桂北方言，形容特别贫穷）的年头，尽管是床旧棉被，对于我们这种穷苦人家来讲，已经是最好的东西，是一家人最要紧的宝贝，珍贵得很啊！后来，即使用得发黑破旧了都舍不得丢弃。你想想，好多人家连旧的破的都没有啊，你还舍得丢？直到1977年，我才把这床特别的棉被送给了县文化馆。

现在，这床棉被在灌阳县文物所展陈室，放在最显眼的地方。旁边的纸条上写着：一九三四年十一月末，红军经过水车，翟顺修帮助红军架浮桥，分别时红军送给翟顺修的棉被。

口述人：翟顺修，灌阳县水车镇水车村村民。

历史回闪

就在"追剿军总部"根据蒋介石"湘水以西地区剿匪计划大纲"的战略意图，调整部署和紧急调动时，白崇禧却在自己的大本营优哉游哉。他知道，何键不过是在实施蒋介石的既定方针，而他是早有准备的。

红军渡过湘江，一路往西延方向奔去后，坐镇大本营的白崇禧并没有立刻下令尾随追击，而是在第一时间派副官与湘军刘建绪在兴安接洽，要湘军退出全州，全军返回湖南境内。

刘建绪二话不说，下令湘军退出广西境内，按照蒋介石的电令率军前往湖南新宁、城步、绥宁、武冈方向布防，堵截企图前往湘西与贺龙、萧克的红二、红六军团汇合的红军主力。白崇禧则令桂军黄国镇四十三师分兵进驻全州，防备湘军再次进入广西境内；又令夏威派出一师官兵，迅速布防雷口关一带，堵住中央军进入广西的通道。

了解到何键的最新部署后，白崇禧又及时做出调整：以第十五军副军长夏威为第一追击队指挥官，下辖黄国镇第四十三师、王赞斌第四十四师；以第七军军长廖磊为第二追击队指挥官，下辖周祖晃第十九师、覃连芳第二十四师。余下韦云淞第十五师，留驻后方。

两个追击队的具体分工是：十五军第四十四师留守兴安；夏威率领四十三师的三个团，以及四十四师的一三二团向西继续追击红军，迫使红军尽快离境；第七军军长廖磊率领十九师、二十四师进驻龙胜，在红军南面侧击，防止其经义宁、三江一线进入广西腹地，威胁柳州。另派四十五师由兴安开往灌阳驻守雷口关。

白崇禧布置完毕，松了一口气。

对于渡过湘江的红军，他并不担心。红军"西窜"，企图与盘踞在湘西的贺龙、萧克部汇合，已是人尽皆知。按照红军的"逃窜"速度，至明日就可以过西延出城步，进入湖南境内，闯进蒋委员长早已布下二十万大军的口袋阵，而他也已部署了夏威的部队，缓缓跟在红军后面，待红军出境，紧守西延，防止红军溃部"流窜"回广西境内。

回想这几天的大战，白崇禧真是喜忧参半，喜的是终于把中央红军挡在广西大门之外，忧的是虽然大败红军，但桂军也死伤无数，损失惨重。

"现如今，共军一旦进入湖南境内，我只要派人死守湘桂边界，不让其'回窜'广西就是。至于剿不剿的，就让何键和薛岳去伤脑筋吧。"白崇禧倒了半杯法国红酒，缓步走到地图前，一边品酒，一边想着该怎么回复蒋委员长在电报旦的质问。11月28日那天晚上，蒋介石曾发电令，严责桂军放弃职守。

老人·伤兵·红旗

1934年11月下旬，红军经过湖南，从永安关、雷口关进入广西，在灌阳、全州、兴安三县境内，和国民党军展开混战，打得你死我活，昏天黑地。事情过去了好多年，村里人谈起打仗的事还皱眉头。

发生在我们灌阳的新圩阻击战，是红军进入广西后打的第一仗。听讲，这次战斗中红军牺牲了4000多人，完成了掩护红军主力渡过湘江的任务。

4000多条命啊！好悲惨。

我们新圩镇现在的人口，总共也才25 000左右，整个新圩村还没有4000人。

枫树脚村两边的山头，就是红军阻击桂军的前沿阵地。

因为家住枫树脚，而战争就发生在这里，我们老黄家才有了守红军红旗的故事。

算起来，老黄家有三代人保护过那面红旗。对，到我们这里，是第四代了。我不姓黄，姓李，李清鸾。我是嫁到黄家的，我男人是黄永富，我家公（桂北方言，意思是公公）喊黄光文，爷爷喊黄荣清。黄荣清的老子，也就是我男人的太公（桂北方言，太爷爷的意思），喊黄和林，红旗就是从黄和林手里传下来的。这么讲你清楚了没有？

三代守红旗这个事，要从我男人的太公黄和林说起。

太公不太爱说话，是村里有名的老实人，整天只晓得埋头做事。

　　那天黄昏，天色已经麻麻黑，太公扛着一捆柴火从山里回来，因为上山劳累了一天，肚子饿了，就走得特别快，快走到家门口时，突然听见有人在喊："老伯伯！老伯伯！"

　　太公心里一惊，忙停下脚步，回转身去，身后没有人。他提高了声音问："哪个在喊？"

　　四周只有风声在回荡。

　　久不见人回答，太公以为自己听错了，继续往家走。

　　"老伯伯，老伯伯，请你等一下……"

　　这回，那个声音更虚弱了，蚊子叫一样飘进太公耳朵。太公下意识地把手搭到柴刀刀柄上，轻手轻脚向前几步。太公心想，来嘛，要是真来个土匪，老子就给你一刀，让你晓得我黄老汉的厉害；一边想着，一面往回又走了几步。

　　山路上依旧空无一人。

　　只有自家茅屋孤零零地立在风中，茅草和灌木被吹得东倒西歪。

　　正在太公犯疑的时候，杂草堆里传出一个声音："我是红……红军，在山那边打仗……受了伤。"

　　太公放下肩上的柴火，猫腰上前几步，用木棍拨开杂草丛，见到一个蜷缩成一团的兵。那是个外乡人，表情痛苦地躺在地上。那人头戴灰色八角帽，脸色惨白，大腿上都是血，地上也血迹斑斑。

　　"老伯伯，麻烦你帮我弄点水来。"

　　"你是什么人？"太公紧握柴刀，警惕地问道。

　　"老伯伯，你莫怕，我是红军。"

　　"红军？"

　　"是的，红军是穷人的队伍。"

　　"没听说过。"

　　"我们是帮助穷人打土豪的。"

"你在哪里搞伤的？"

"枫树脚。"

"挨哪个搞伤的？"

"国民党。"

……

太公直起腰，看了看左右，说："我带的水用完了，正要回家喝呢。"

"老伯伯，请你帮帮忙，我又饿又渴，嗓子要冒火了。"

"你是从哪里来的？"

"江西。"

"怎么就你一个人？"

"我在战斗中负伤，昏过去了，等我醒来，队伍已经走远了。"

"我背你到我家喝水吧。"

太公说罢，弯腰半蹲着，伸手抓住那人胳膊，狠劲儿往肩上一提，背着他快步朝家里走去。

当晚，太公用茶叶水为他清洗了伤口，敷上草药。第二天一早，太公让我爷爷黄荣青偷偷上山采了些草药。养了两天伤，红军勉强能站起来了，说要去追赶部队。临走前，他喊太公把房门关上，从怀里取出一个包裹来。太公见包裹包得严严实实，便问："这是什么？"

他将包裹递给太公："老伯伯，我把这样东西留给你，这面红旗，等红军胜利了，我再回来找你要，请你一定保存好。"

"这可不行，我帮你不是想要你的东西。"

"老伯伯，我是请你暂时帮忙保管。"

"哦，东西我可以帮你保管。不过，你身上的伤还没好哦，老话讲伤筋动骨一百天，何况是伤在大腿，你这个样子怎么能走？"太公接过包裹说，"你再住两天才走，我帮你弄点草药。"

"不能再拖下去了，久了就找不到队伍了，还会连累你，我必须回到自己队伍里，"红军伤员说，"日后我一定会回来找你。"

"那好吧，我会帮你保管好东西，你放心去吧。"太公说。

太公专门做了个小木箱，把那件东西藏在隐秘的地方。1941年，太公去世前，把木箱交给我爷爷和我家公，交代他们一定要好好保存。

好多年以后，我收拾屋子的时候发现了它。

打开外面包裹的一张契纸，里面是块折叠的布，乌漆墨黑的，像锅灰一样，包在最里面。我当时讲："哟！这块是什么，怎么这么漆黑呀？"谁也不知道啊。于是，我就洗洗洗，洗了三盆水，才算是显现出本色来。晒出来的时候才看出颜色，淡红淡红的。

红色看出来了。

五角星也看出来了。

斧头镰刀也看出来了。

原来是面红旗！

爷爷年年盼，月月盼，等着红军回来取红旗。

但是，红旗一代代传下来，红军战士却一直没出现。1979年，爷爷病重，让家人把红旗交给了县武装部。

有人问，日本人侵占灌阳的时候，这个东西是怎么保存下来的？这个问题我们也问过，家里长辈说，1944年，日本侵略者侵占灌阳，为了不让日本鬼子发现，老人家把红旗放在一个木箱里，然后藏进棺材，这才没被发现。

这些板路（桂林方言，此处指故事），都是爷爷讲的。

前几年，政府在枫树脚修建新圩阻击战陈列馆，陈列馆旁，有一座祖孙三代手捧红旗的雕塑，那就是我男人的太公、爷爷和父亲。雕塑建成那天我一家去看过。太阳光下，陈列馆屋顶的五角星闪闪发光。那个星星，和我们老黄家祖孙三代守护的红旗上的五角星是一样的。

现在这面红旗保存在广西壮族自治区博物馆。2006年，我向博物馆讨了面红旗的复制品回来，我现在讲出来，是要让后人知道这段往事。

口述人：李清鸾，灌阳县新圩镇枫树脚村村民。

历史回闪

湖南道县。审章塘乡葫芦岩。

青山无言，潇水悠悠。

往昔温顺地匍匐在青山绿水间的潇水，这些天变得特别不安分，只淋了两场淅淅沥沥的小雨，河水竟裹挟着两岸的枯枝败叶咆哮着，像是被谁激怒了那般模样，随时准备扑腾起来，撕裂周遭的宁静。

东岸，苍翠的尖峰岭横卧在岸边，临河几乎全是垂直的陡峭崖壁，如彩绘长卷，十里画廊美不胜收。

西岸，百年的青石码头连接着湘桂古道，通向未知的远方。

1934年11月27日。

红三十四师刚接替红四师在该地域遏阻追敌的任务，一〇〇团团长韩伟没顾得上休息，正带领麾下三个营长在山头观察地形。这一带有几个相互连接的山包，形成一道天然屏障，倒是打阻击的好地方。韩伟左手在前额搭了个"凉棚"，右手举着有些松垮的望远镜，一边眺望不远处的道县方向，一边暗自嘀咕着。望远镜是在第三次反围剿战斗中获得的战利品，德国货，虽然有两颗螺丝掉了，皮革磨掉了一些，但成像效果一点也不受影响，军团长董振堂早就说给他一个新的，但

22

他说这个用顺手了，舍不得换。

"老韩，"他的搭档，政委侯中辉从山下一路小跑而来，人尚未到，头顶的八角帽刚从灌木间露出个尖角，声音早已到了，"最新通知，要我俩立即去军团部。"

"你通知下去，会议等我和政委回来再开。"韩伟说着，将手中的望远镜朝身旁的参谋手中一递，大步流星迎上侯中辉。

侯中辉爬上一块巨石，朝山下张望了一会儿，没有说话。

"走吧，首长在等我们。"他跳下巨石，拍去手中的泥土。

"我刚察看完地形，正准备召集营以上干部开会呢。"韩伟跟在侯中辉身后，边走边说。

红五军团部设在湘桂交界的蒋家岭。

蒋家岭是道县仙子脚镇的一个小村庄，因村边有座地势低缓的小山岭，住户皆是蒋姓，故名蒋家岭。

俩人一路小跑，还没到蒋家岭，参谋长刘伯承和军团长董振堂就大步迎了上来，径直将他们带到村后的破庙。庙前，几棵枝繁叶茂的香樟树，在冬日的寒风里瑟瑟发抖。脚步声和说话声惊动了树上一只不知名的鸟，鸟尖叫一声，钻进了山脚的灌木丛。

"好大一只鸟，翅膀像是有伤。"警卫员拔出枪，准备追过去。

董振堂伸手将警卫员拦住。

"我去抓来给首长补一补。"警卫员说。

"一只受伤的鸟，放过他吧。"董振堂说着，瞪了警卫员一眼。

警卫员冲众人做了个鬼脸，等首长们走远了，捡起脚下一块石子朝灌木扔去，大鸟使劲扑腾着翅膀朝远处飞去。

"参谋长身体不好，已经好些日子没见荤腥了。"警卫员独自小声嘟哝道。

周遭又恢复了宁静。

不一会儿，三十四师师长陈树湘、政委程翠林也赶到了，一○一团、一〇二团的团长、政委等人鱼贯而入。狭小的屋子立时拥挤起来。大家刚落座，董振堂开门见山说道："同志们，现在，蒋介石调集的30万'追剿军'向我军步步紧逼，情况日趋严重。朱总司令命令全军组成4个纵队，迅速从广西的兴安、全州之间抢渡湘江，前出到湘桂边境的西延山区。"

说罢，他传达了中革军委的具体部署。

接着，由刘伯承介绍具体敌情："何键第一路军已由东安进至全州、咸水一线，第二路军一部进至零陵、黄沙河一线，第三路军尾我直追，第四、第五路军向东安集结。敌人来势凶猛，企图前堵后追，南北夹击，围歼我军于湘江之侧。"

讲到这里，刘伯承拿出军委来的电报，宣读军委下达的命令。

"命令！"刘伯承顿了顿以后，提高声调继续宣布，"三十四师目前任务是：阻止尾追之敌，掩护红八军团通过苏江、泡江，尔后为全军后卫。你们尽量跟上，突击渡过湘江，万一被敌截断过不了江，就返回湘南打游击。"

刘伯承扫了一眼屋内众人，目光最后落在陈树湘脸上，以极其坚定的语调说："朱总司令、周总政委要我告诉你们，军委相信三十四师能够完成这个艰巨的任务。同志们，在重兵压境的情况下，把军团的殿后任务交给三十四师，这个担子很重啊！你们既要完成军委赋予的重任，又要有万一被截断后孤军作战的准备。"

"行！"陈树湘一向爱打硬仗，听参谋长这么一说，当即痛快地回答，"感谢首长对三十四师的厚爱。"

"请转告朱总司令、周总政委，我们坚决完成军委下达的任务，为全军团争光！"见师长表了态，程翠林等人几乎不约而同地应道。在场所有人心里都明白，一场苦战一触即发，这场苦战，必将是队伍自于都出发以来最凶险的一次。从江西一路打到广西边界，大家已经习惯，越是面临大战，越是冷静。这几位一路摸爬滚打过来的生死兄弟，很多时候根本无须多言，只一个眼神一个动作，彼此便心领神会。就如陈树湘常挂在嘴上的，兵来将挡嘛。但是他们每个人心里都明白，这个铁流后卫不是那么好当的，每个人都随时有可能牺牲。

"好！"两位军团首长满意地点点头，与众人一一握手道别。

董振堂紧紧地拉着陈树湘的手说："老陈，关键时刻，你们师团干部要组织好，指挥好，带领部队英勇作战，我和参谋长期待着你们完成任务后迅速渡过湘江。"

烽火连天，自古以来战场上最是吉凶莫测。

大家在相互握手时不免心情都很沉重，有着不祥之感。

回去的路上，陈树湘边走边说："根据上级指示和我三十四师的情况，我考虑由韩伟的一〇〇团先走，翻过雷口关，朝广西灌阳县方向急进，接替红六师在新圩枫树脚地域阻止桂军北进。我带师部和一〇一团居中，程政委带一〇二团跟进，在掩护红八军团通过泡江、苏江后，迅速西进，在文市、水车一线占领有利地形，阻击追敌周浑元等部，保证主力部队渡江。大家看怎么样？如果没有意见，就分头行动。"

战争年代，领导讲话都是开门见山，没有那么多套话。

任务明确后，团长们领命匆匆离去。

韩伟和侯中辉商定：韩伟率领一营在前，政委指挥二、三营和团直属队跟进。立即出发。

救护所见闻

我一个92岁的老头子，记性不好，耳朵也有些不灵光，你讲话要大声点。

你来问湘江战役？事情已经过去这么多年，记不太清楚了，不过民国二十三年（1934）红军过路的事，我还是记得的。那么大一件事，死了那么多人，能不记得吗？什么是刻骨铭心，这就是刻骨铭心。

有人问，蒋仁贵，看到红军拿枪拿刀怕不怕？

我讲，红军对我们很好，不怕！一介普通老百姓，有什么好怕的？

最主要是那时候我还小，懵懵懂懂的。那天，突然来了那么多人住进和睦村，我不仅不晓得害怕，还和小伙伴跑来跑去看热闹。

前些年下过酒海井的人里就有我。

酒海井位于下立湾屯北大概500米处，井口宽约2米，上小下大，形似酒坛，所以取名酒海井。酒海井实际上是地下河的天窗孔，与地下暗河相通。

那回下井，我曾在水底摸到人的脚骨，当时和其他人一样，没想太多，以为那口井盘古开天就存在，日久天长，有点古怪也不算什么，没太在意。若干年以后，才听人说，那些骸骨是红军战士的。这个我之前真没想到，只晓得那一带荒凉得很，虽然离村子不远，但一般不太爱往那边走。

和睦村有座蒋家祠堂，清道光四年（1824）建的，砖木结构小青瓦，外墙装饰着精美的蜈蚣图案，坐北朝南，宽12米，长19米，总面积230平方米，建筑工艺考究，保存完整。湘江战役的新圩阻击战打响时，红军将祠堂用作临时战地救护所，在这里抢救了好多受伤红军。当时，祠堂里住满了年轻的红军伤员，除了伤轻点的到院子里活动，其他人都是重伤，睡在地上根本动不了。说是疗伤救护，其实也没什么药物。饭也没得吃。

村里人见红军可怜，就悄悄送去一些吃的喝的。

唉……

确实可怜。

那些人真正是缺衣少食，又有伤在身，你说可怜不可怜？

我家里当时也住有几个伤员，我老子不仅给他们弄吃的，还让我往祠堂里送饭。我家和祠堂之间隔着两座房子，走几步就到了。

和睦村以前喊下立湾，自古归灌阳新圩管辖，我祖上在这里住了多少年，我也不懂，若我老子在，估计也不懂。

红军伤员在祠堂住的时间很短，约摸10来天之后吧，陆陆续续都离开了，也不晓得后来去了哪儿，当年我才6岁，没有太多具体印象。

多少年以后，我才听说，当年住在这里的红军伤病员，是从新圩阻击战阵地抬下来的，是红五师的伤病员，还听说师长是桂林人，喊李天佑，是广西李军李宗仁、白崇禧的老对头。李天佑打仗蛮厉害的啵（桂北方言，语气词），是1931年跟随红七军转战到江西的一员虎将。还听说，李天佑1955年被授予开国上将。湘江战役那年，他才20岁，20岁就当师长了，厉害啊。

2006年5月，蒋家祠堂被列为国家重点文物保护单位。

口述人：蒋仁贵，灌阳县新圩镇和睦村委下立湾村村民。

历史回闪

1934 年，11 月 30 日。

饥寒交迫，频繁的战斗加上高强度的奔波，扼守新圩阵地的红五师指战员们已疲惫不堪。桂军还在飞机配合下，以重兵一次次发动着大规模进攻，大有不攻下新圩不收兵之势。死神时刻追逐着每一个红军指战员！

此时除了弹药严重不足和伤亡惨重，威胁红军生命的还有饥饿。战士们大部分是饿着肚子在坚持，体力消耗极大，不少战士虚脱昏倒。几个又饥又渴的红军战士想到村里找点吃的，可是村里的人都躲进山了，只在一个姓海的老大娘家里，找到一锅似粥非粥的猪潲，就把它吃了。临走时，战士们在锅中留了张纸条，放了几个银毫子压在上边。

指战员越来越少，弹药也越来越少。师长李天佑下令不准乱开枪，要保证每一颗子弹都消灭一个敌人。桂军见久攻不下，又派来飞机和大炮狂轰滥炸。眼见红军战士在枪林弹雨中一排排地倒下，李天佑不得不下令撤退。午后一时许，红十四团、十五团冒着桂军的炮火，在付出巨大的伤亡代价后，撤退到龙桥村后面的虎形山上。很快，虎形山也失守了，红五师被迫退守到一公里外的炮楼山。已鏖战两天两夜的红五师伤亡惨重，所有人都已精疲力竭。炮楼山随时可能失守，新圩阻击阵地的最后一道防线，随时会被桂军攻克。

可前来接防的红六师十八团仍旧了无踪影。

李天佑心急如焚，忍不住走出指挥所，举起望远镜察看敌情。二十岁的李天佑是广西临桂人，和李宗仁、白崇禧是老乡，知道桂军打仗不是草包。这一带流传着"桂军打仗像恶狼"的说法。桂军训练有素，性格倔强，体格强壮，很能打仗。何况，这次红五师面对的是桂军"精锐"第七军的两个师和湘军第十五师一部。李天佑在百色起义时是桂军第七军的老对手，然而要以一个师的兵力对付三个师的攻势，困难可想而知。因此，进入广西地界后，每次做出一个决定，他都要经过深思熟虑，反复分析。

山下，一千多个桂军又逼近了。

李天佑赶忙返回指挥所，对红十四团团长黄冕昌说："十五团白志文团长牺牲了，参谋长胡震去顶白团长指挥，也牺牲了！"黄冕昌听到这个消息，想起十五团政委罗元发也身负重伤生死未卜，不禁悲从中来，眼泪一下就滚出来了。他说："师长，你说下一步怎么打吧！"李天佑说："军团首长给我们的任务是不惜一切代价，钳制桂军，确保整个野战军的左翼安全。目前中央纵队还没有完全渡江，我们无论如何不能后退！你马上回到阵地指挥十四团，设法把敌军打下去，形势非常紧张，也怪不得我们广西人打广西人了，你给我往死里打！"黄冕昌和李天佑一样，也是广西人，1929年和李天佑一起参加邓小平领导的百色起义，后来随红七军转战千里到达中央苏区，两人多少次并肩出生入死，早已是生死之交。

黄冕昌带着红十四团部分战士一路小跑，奔赴公路右侧的肩背岭伏击桂军。进入阵地后，他立即命令二连连长："你带两个机枪班向敌人侧后迂回过去，我们则埋伏在工事里，等敌人靠近后，给他个前后夹击。"

战士们埋伏在战壕里，衣服又是泥又是水，贴在身上，很难受，大家咬牙坚持着，等着桂军进入射程后好打一场漂亮的伏击战。桂军见红军一枪不放，便一个劲儿朝上爬。等他们爬到离战壕只有三四十米的地方，十四团指导员何诚大喊一声："打！"一排手雷便飞了出去，桂军一乱，红军所有轻、重火器一起响了起来。这个时候，机枪班已经迂回到桂军后面，他们的机枪雨点一般朝着桂军射去。

桂军刚垮下去，黄冕昌从重机枪掩体走出来对何诚说："指导员，你赶快组织部队从敌人尸体上捡弹药，准备再战，我到前面的工事去看看。"当他走到轻机枪阵地时，一颗子弹打在他的腿上。包扎好后，大家劝他回团部去，可是被他拒绝了，还召集大家研究下一步的打法。

黄冕昌详细地分析了眼下的形势：从地形来看，敌人从正面阵地是冲不上来的，左侧有红十五团的火力支援，要冲上来也困难，唯有右侧因为一些自动火器都调到正面阵地上来了，火力较弱，可能成为敌人攻击的重点。因此必须把正面阵地的大部分轻重火器立刻调到右侧，左侧只留排长钟彬带两个班在那里守着。

果然，两千多桂军像山羊群似的从红十四团的右侧阵地冲了上来。桂军刚爬上阵地前的小山坡，何诚就立即命令轻重火器一齐开火，密集的雨弹向冲锋的桂军倾泻而去，冲在前面的桂军应声而倒，后面的桂军慌忙匍匐在地，不敢贸然攻击。

何诚见暂时压制住了桂军的攻势，长长地舒了口气，但毕竟敌众我寡，实力悬殊，只得命令战士们退入工事坚守。

这时，左侧阵地突然响起了激烈的枪声，黄冕昌立即抽调右侧阵地的部分火力去支援左侧。

原来，桂军见红军的右翼阵地火力猛烈，一时难以得手，遂趁势向红军的左翼阵地发起攻击。坚守在左翼阵地的排长钟彬立即组织两班战士对进攻的桂军进行反击。阵地的右侧骤然响起轻重机枪的吼叫声，子弹如暴雨般向冲击中的桂军倾泻而去。

钟彬扭头一望，原来是黄冕昌团长率领火力前来掩护，精神大振，他端起轻机枪大喊："同志们，冲啊！"

愤怒的子弹向敌人扫去，两班的战士趁机向桂军发起了反击，追着桂军猛打猛冲，将桂军的进攻打退了。突然，阵地上传来一阵惊呼声："团长！团长！"

钟彬一愣，慌忙扔下手中的轻机枪，转身往回跑，只见黄冕昌身中数弹，倒在血泊中，战士们围着他拼命地呼喊，可是他早已停止了呼吸。战士们都失声痛哭起来。

就在这时，正在前沿阵地上监视敌人的战士大声喊叫道："敌人又冲上来啦！"

何诚一面命令战士将团长的遗体抬走，一面组织战士向桂军发起反击。

下午四时，红五师接到了军团的电报："中央纵队已过湘江，正向西延前进，你们的阻击任务已经完成，命令你师把新圩防务交给六师，部队迅速过江。"李天佑把来电仔细地看了两遍，轻舒了一口气，紧紧握着政委钟赤兵的手说："好！中央纵队总算安全地渡过江去了，我们的任务完成了！"

桂军阵地的右侧忽然传来一阵惊天动地的喊杀声。一班人马直冲入桂军队伍，刹那间，桂军阵脚大乱。原来是奉命前来接防的红六师十八团从文市赶来了。十四团、十五团的红军指战员们见援军赶到，士气大振，趁机发起全线反击，桂军便似潮水般溃退。战士们刚要追下去，指挥部发出了撤退的信号。

李天佑心如刀绞，他强忍泪水，带着十四、十五两个团剩余人马马不停蹄赶往界首。

此时，从凌晨接到军团部"紧急驰援红四师在兴安界首之光华铺阵地，将新圩阵地移交给红六师十八团接防"的命令时算起，已经过去十几个小时！

启程前，李天佑带着仅剩的几名连以上指挥员面朝新圩方向，敬了一个标准的军礼。

采访视频观看入口

手雷是我捡的

早在红军时期，苏维埃政府就具备自制手榴弹的能力，其产品被称为"苏维埃手雷"，又有群众称之为"红军手雷"。由中央苏区兵工厂制造的这种手榴弹形状像佛手瓜，一头大而圆，一头小而尖，红军战士亲切地称其为"小甜瓜"。当年的苏维埃政府经济条件和技术条件极为艰苦，所以铸造出来的手榴弹结构简单、表面粗糙，用料也"因地制宜"，所以"小甜瓜"有铜制的也有铁制的，个头有大有小，重量当然也参差不齐。惨烈的新圩阻击战后，蒋立顺在地里捡到一个手雷和一把军刀。他经常拿出"铁疙瘩"显摆。历经岁月洗礼，手雷已被摸得油光发亮。

这个手雷，是我小时候看牛时在荒地里捡的。

上面一条条的凹槽，党史办的同志说是苦瓜纹，我看更像一个红薯。手雷上头是引信口，弹体中部这里铸有一个五角星，五角星里头刻着中国工农红军旗帜上的斧头镰刀标志。手雷肚子里的铁砂早没有了，不晓得这种东西威力怎么样，我没见过它爆炸。幸好没见到，要不然，可能我早报销了。

唉！

新圩阻击战就是在我们这里打的，这一仗打死了多少人！

还是莫打仗好。

湘江战役中，这种鬼东西害死了成千上万的人。

这个红薯坨坨，我在湘江战役纪念馆见过，长得一模一样，讲解员说是苏区生产的，不仅对研究苏区时期红军兵工厂的弹药生产具有重要价值，更可以让人探寻当年那段血火交织的历史。苏区是什么地方，没听讲过。

开始是村里人晓得，一传十，十传百，不仅附近的人问我要来看，现在，好多外乡人也晓得我手里有这个东西，都好奇，跑来看，吵着要我讲那些事。你看嘛，现在已经被摸得油光水亮了。

我还捡到过一把刺刀，不过不晓得丢到哪里去了。什么时候丢的也晓不得，好可惜。现在修建新圩阻击战纪念园，到处在收这些老东西。有人讲，蒋立顺，你那把刺刀要是还在，你就发财了。我讲，发什么财，死了那么多人，你好意思拿这个发财？

莫看我老人家91岁了，记忆还好得很哦。

当年，红军问我们讨吃的讨穿的，有些条件好点的，给我们银圆，算是买吧。

都是当兵的，我看李军的条件好多了，他们有衣服穿，有饭吃。

红军部队穿得破破烂烂，饭都吃不饱。

开战的时候，有枪的红军冲锋在前，没枪的也不落后，个个都很勇猛。

蒋思早也是新圩村的，就住在前面不远的地方，你们可以去问问他，他老杆子（桂林方言，对父亲的称呼）讲过，红军向他借斧头、锯子，在后龙山肖石炮山顶修筑了工事。

蒋思早年轻，才75岁，还走得动。

他前几天还自告奋勇当起向导去看工事。

那个下午，黑云压顶，暴雨就要来了，蒋思早兴冲冲地带着广西文联的领导爬上肖石炮山顶，找寻藏在灌木杂草中的红军工事遗迹。

肖石炮山我年轻的时候常去。

有几年，山顶的树木被村里砍光，工事一目了然，半山有一条战壕环绕。离山顶很近的地方，挖了一个十几平方米的四方大坑，深度和战壕差不多，我试过，趴在坑边缘往下看，山下的一切尽收眼底。坑正中，留着一个正方形的黄泥堆没挖，之前还有圆木架在上面，另一头架在坑边缘，虽然有些腐朽，但模样还在。有人猜那是临时指挥所，也有人说是防空用的。在这个四方工事下面十几米处，也有一条战壕，挖得很深很宽，时间过去80多年，依旧完整。

红军过湘江，在这里打仗，老百姓大多是支持他们的。

怎么说呢，以实际行动支持吧。比如为红军带路，做挑夫，救护伤病员，帮助架桥渡江、突破围堵，也有人直接跟着参军了，还有人将自己的儿女送去当兵。

这是冒着坐牢、杀头的危险的啵。

那一仗打得很惨，死了很多人。

红军过了湘江之后，大家又帮助伤病员，帮助失散红军，埋葬散落的红军遗骸。还有的人，多年来一直坚持守护红军墓。这些都是自愿的。

口述人：蒋立顺，灌阳县新圩镇新圩村村民。

历史回闪

冬日的雾缠在山腰，茅草上那一串串水珠溅落在衣着单薄的战士们身上，让人一阵阵打寒战。

掩护红八军团离开灌阳后，红三十四师师长陈树湘马上召集连以上干部开会。陈树湘说："刚才接到军委命令，要我三十四师迅速赶赴枫树脚接替六师十八团防务，阻止桂军越过新圩，掩护中央纵队和主力部队渡过湘江。根据上级指示和我师情况，我考虑，由韩伟团长率一〇〇团先行，疾进灌阳方向，接替十八团在枫树脚地域阻止桂军北进之任务；我和苏达清团长带一〇一团及师部居中；程翠林政委和吕官印团长带一〇二团殿后，在文市、水车一线占领有利地形，阻击追敌周浑元等部，保证主力部队渡江。如果没有意见，就分头行动。"说完，陈树湘与众人一一握手。

大家相握的手都在颤抖，每个人的心情都很沉重，有一种不祥之感笼罩在心头。因为大家都清楚，接下来不仅要遏阻并摆脱周浑元部，还要面对熟人熟地且善于山地作战的"猴子兵"——桂军。

由于战事吃紧，陈树湘讲得非常简明扼要，但他讲话时的心情非常沉重。陈树湘是湖南长沙市人，身材魁梧，行动利索，平易近人，是在毛泽东、何叔衡影响下投身革命的一位有勇有谋的将领。

当队伍踏上水车的灌江便桥时，太阳已经出山。这时，天空突然出现三架飞机，不一会儿已盘旋到头顶，随即进行狂轰滥炸。一时天摇地动，焦土飞扬，血肉横飞。一〇二团机枪连连长廖仁和赶紧扑倒在一棵大水杨柳树下。待敌机飞远，廖仁和站起一看，刚架起的便桥已被炸得七零八落，江里、岸上和树林里到处是尸体，有的残缺不全，树枝上还挂有战友们的碎尸，江水被染得殷红。这次遭袭，部队牺牲了200多人，有些是和廖仁和一起入伍的老乡、老战友。简单地将他们掩埋后，队伍又继续赶往枫树脚。

这时，红五师在师长李天佑率领下，在新圩阻击阵地与桂军鏖战了数日，已奉命将防务移交给红六师第十八团。

当红三十四师经山燕头、大塘、苗源，过洪水菁登上海拔1100米高的观音山时，已是12月1日13时。红六师第十八团损失殆尽，新圩防线已被桂军完全突破，不仅接防不可能，而且通往湘江的大道已被截断！

遵照中革军委总司令朱德于1日5时发来的"三十四师应力求在枫树脚、新圩之间趁敌不备突破敌围，然后急行军西进大塘圩"的指令，三十四师只好从板桥铺一带穿过公路，再经湛水、流溪源，翻越海拔1000多米高的宝界山。部队再次陷入崇山峻岭，在羊肠小道上艰难地一路西进，准备绕开敌军直奔湘江。

采访视频观看入口

活着的烈士

红军过广西，离过年还有一个多月。

他们是从湘桂交界的永安关、雷口关陆陆续续进入灌阳县的。

红军来了，李军就集中兵力进行堵截，湘军何键部队，还有老蒋的中央军，像块狗皮膏药，在红军屁股后面紧紧咬住不放，红军处于被前后夹击的危险中。

李军打仗蛮厉害，而且战术灵活，他们不是从正面，也不是从背后攻击，而是从侧面拦腰打。湘江战役首先在灌阳打响，红军在水车、新圩、文市一带和李军打，遭到很大伤亡，听讲还打死了两个大官。

广西道路狭窄，山高林密，李军熟悉地形，又有地方民团帮助，常利用这些优越条件，偷偷摸摸地接近红军两侧，突然发起攻击；而红军既不熟悉地形，又找不到当地人带路，所以经常受到打击，吃了大亏。

我大大（全州方言，父亲的意思）肖春华那时就在红军队伍里。

大大讲，那时他根本搞不懂方向，只是跌跌撞撞一路小跑，跟在连长屁股后头，趁着夜色来到一个四面环山的村庄。

队伍决定在村里驻扎歇脚。

大大那年虽然才21岁，已经是有7年军龄的老战士。

部队到底要去往哪里，大大不懂，绝大多数人都不懂。大大只知道麻直跟着走。一开始连长就交代他："我走到哪儿，你就跟到哪儿，千万不能掉队。"

队伍经过新圩，一路边打边撤，很快进入文市一个叫瑶上的大村子。就是这里，队伍穿过牌楼的时候，从飞机上屙下来的两颗炮弹将红军炸飞了好几个，大大命好，只是当场昏了过去，捡到一条命。然后，他被正在继麻山上看牛的陆锡户和他堂兄陆锡政救回，在田湾村灰屋里藏了起来。

两个多月后，大大的伤好得差不多了，陆家兄弟就介绍他去联合村白布兴的好友蒋百发家做帮工。田湾和联合挨得很近。蒋百发比大大小一岁，人很好，因为年纪相仿，两人很投缘。

大大在蒋家一待就是6年。

经蒋百发介绍，大大过继给了全州县两河公社新富村瓦子脚的廖子顺做了儿子。廖子顺有两个老婆，两个老婆生的都是女儿，他觉得女儿终归要嫁出去，所以特别想要一个儿子。廖子顺很喜欢大大，因为他身强体壮，干活特别有劲，去20多里外的地方挑煤，去山上打片石，样样都是一把好手。

那时候，除了陆锡户、陆锡政、蒋百发晓得我大大是失散红军，别人都不晓得他什么来路，只根据他那一口江西口音，都喊他江西叫花子。

1947年，大大34岁。

畔田来了个媒婆，把她村里的上广聋婆介绍给了大大。

其实上广聋婆是有男人的，但那个男人整天好吃懒做，爱赌博，还动不动就动手打人。那次，也不知上广聋婆做错了什么，他男人死活要把她卖了。

大大说，他是花了两斗麦子，一斗给了那个打人的男人，一斗给了媒婆，才接回了上广聋婆，也就是我妈妈。40天后，我妈妈生下了我气有哥。

1949年共产党击败了国民党，土改工作队来土改，分房分田，大大一无所有，有人问他愿不愿意到隔壁板塘村落户，他说愿意。

大大在板塘分得一间半瓦房，五亩田地，随后还当上了生产队长。队长一当就是十多年。板塘是个小村，拢共也就四五十号人。那些年，他带领村民在耳木塘对面的栖丘开荒造田，干得特别起劲。

大大和我妈用几年时间干了一件大事——偷偷收殓了很多战友遗骨，埋进耳木洞，每年春节、清明都去祭拜。大大讲，一支红军队伍从新圩撤退到铁梨冲，和李军遭遇，牺牲了好多好多人。一小部分人突围出来，在板塘渡口附近又被围攻，十来个伤病员躲进了渡口旁边的耳木洞，没想到，最后全死在洞里了。大大说，他们是从新圩防线撤下来的红六师十八团的人，有人推测是被毒烟熏死的，这就晓不得了。大大交代只有几岁的气有，"这些都是你大大的战友、兄弟，以后一定不要忘了来挂山（桂北方言，意思是扫墓）"。

我是1951年出生的。

村里人都知道，我妈妈生下我后，第三天就发疯了。

为什么发疯，我大大讲不清。哪个也讲不清。

她疯疯癫癫的，要活埋我，我被抢回来以后，她又要抢去埋，横竖都要把我埋了。外婆晓得后，急得当天就赶过去，让我大大赶紧把我送出去。大大想起一个无儿无女的人来，新富村村长谌敦民。这个人他信得过。当天，我就被抱到新富村白竹坪，我成了谌家继子，取名明生。

我知道这是没办法的事，但从此，我的命运转了弯。好在继父对我很好。

1954年9月，母亲生下我妹妹，大大高兴坏了，给妹妹取了个好听的名字，肖戴姣。上小学时，因为是个外姓人，妹妹总受排挤，放学后经常哭哭啼啼跑回家，没办法，只得改名廖戴姣。

60年代，大大他们回到新富村瓦子脚廖家住了几年。

那时候，爷爷和大奶奶都已过世，家里只有小奶奶带着小叔爷，孤儿寡母。小奶奶捎话说家里房子空了，让大大回去住。瓦子脚的老屋是他一块砖一坨石头砌起来的，大概因为对老屋的感情，大大真搬回去了，还把我妈、气有、戴姣的田也划拨到了瓦子脚。

戴姣15岁就嫁人了，嫁到本村。

气有则14岁就跟着人家出去搞副业，挖煤、挖矿、打片石，样样都干。气有结婚前，大大为了给他腾婚房，和我妈又搬回了板塘。气有虽然是住下了，生活并不安然。有些东西讲不清楚。总之，村里有些人心里有疙瘩，一直想把他撵走。

1972年春天，在插队干部陈班长的帮助下，大大回了趟江西老家。

那是他离家45年后第一次回去。

物是人非。

双亲早已作古。

好在堂兄堂弟还在，他们告诉大大，"红军烈士纪念碑上有你的名字，我们都以为你已经死了，没承想，春发子，你成了活着的烈士了"。大大说，"死倒是没死，不过也是九死一生"。说完，三兄弟抱头痛哭。

得知我小堂叔的儿子肖起春在杨公大队当秘书，大大喊他去帮打听一个事。大大把陈班长告诉他的事说了一遍。他说，陈班长讲江西这边对失散红军有政策，可以帮我们修座房子，还可以帮后人安排工作。几天以后，起春回信，说确实有这个政策。

大大的好友，赣州籍的一个失散红军听大大说起这个政策，马上就去灌阳县民政局领了安家费，回赣州去了。这对大大触动很大，他一门心思想着要回到江西落户。

1973年4月，大大把板塘的房子卖掉，办好了返乡的手续。

临走前，他交给戴姣一把军刀，说，"这把刀跟我大半辈子，以后你要好好保存，每年记得去耳木洞挂山"。随后，一家人高高兴兴回到江西，河头村腾出生产队的两间空房子给他们，算是落了户，成了河头村的社员。

可惜事情并没按照大大设想的那样发展。

因为人生地不熟，加上水土不服，气有哥一家三口一前一后回了（广西）畔田。政府了解到只剩下两个老人留在村里的情况后，安排他们住进了宽田敬老院。

1976年，我妈妈去世，我赶过（江西）去在水库边的山上挖了个坑，把她老人家葬下，就回来了。

当年9月9日我养父去世，不久养母招赘，我开始了外出打工的艰难生涯。

1983年2月，大大辗转回到广西，轮流在我们三兄妹家住了两个月，在气有哥家过了年后，萌生了搬回全州生活的念头。他请人代笔，给民政局打了份报告：

报　告

1983年3月20日

报告人：肖春发，男，年七十岁。江西省于都县宽田公社杨公大队永红生产队人，贫农，老红军战士。现在宽田公社敬老院。

一九二七年毛主席在江西创建工农红军，开辟井冈山革命根据地，我于当年参加中国工农红军。我在（的）部队是红军第三军第三师第一团第一营第三连第一排第三班的，班长姓梦。一九三二年跟随部队从沙洲坝出发，开始二万五千里长征，历经江西、广东、湖南，以及广西的长岭、洛昌、民宁、飞仲、仲沙、钦桥、江华、永明、道县、装子脚、蒋家岭、加会、灌阳水车，在鸭子口进行激烈的战斗，后到文市。一天上午，我部队路过瑶上村的牌楼边时，敌机从空中投下炸弹，我等四位同志被炸，那三位当场牺牲（一个是福建的，一个是江西建州的，还有一个记不清楚了），当时我的右腿、腰部、肩，三处受重伤，昏迷很久。待醒来时，衣服、证件、金钱等物被人搜光，因伤势过重，不能行走，因此掉队了。幸亏瑶上田湾村陆锡户（已故）救我之命，把我背回他家，为了安全，将我藏在一间灰屋里，每天送饭给我吃，又请草药医师给我医伤。经过两个多月，我的伤基本好了，为了生活，经我的救命恩人陆锡户、陆锡政介绍，我就去帮别人养牛，后又到白布兴村蒋百发（贫农）家做工达六年之久，以后又经他介绍，我过继到全州两河公社新付（原件新付，应为新富）瓦子脚廖子顺家做工，算是安下身来。一九四七年结婚，当年生下儿子气有，在这十多年间，我都靠做苦工为生。

一九四九年毛主席领导的中国人民解放军打垮了蒋介石，解放了全中国，我也见到了光明，翻身做了主人，分得瓦房一间半，水田五亩，生活改善了。解放后当生产队队长十多年，担任贫农代表十年，思想进步，积极领导生产，保持了红军战士的光荣称号。一九五二年生下二儿子明生，一九五四年生下女儿戴姣，但由于爱人患了神经病，不知护理和管理儿女，只好将明生儿过继给本大队白竹坪村谌敔民抚养（谌原是新付乡乡长），女儿嫁在瓦子脚村。

我因离家四十多年，朝夕思念故乡心切，而于1974年和爱人迁回原籍于都县宽田公社杨公大队永红生产队居住，不到三年，爱人病故，因身边无儿女，只好做敬老院的老人。在敬老院，生活上虽然得到了政府无微不至的照顾，可是，时刻都惦念亲人，特别是想念自己的亲生儿女。在这思想的指导下，因而我于本年元月份辗转坐车远道回到离别十年居住过的瓦子脚村、白竹坪村、田湾村看望我的亲生儿女。在这两个多月的时间里，全州县党史办公室的领导同志对我亲切慰问，并询问了解我的情况，使我深受感动。

现在我年已古稀，需人照顾，想念亲人之心，是你们能够理解的。为此，今天我提出两个请求：第一，我为人民的革命事业，身负重伤，掉队流落受苦几十年，而今年老，请求人民政府研究给我提高养老费用；第二，我的儿女在广西全州县两河公社，我请求给我办理手续，迁广西全州两河公社居住。以上两点，请求研究解决可否？敬候批示。

大大也许已经料到结果，心想不行还是回吧。

可是，江西路途遥远，身无分文，万般无奈之下，第二天，只得再请那人帮忙，硬着头皮给政府写信：

报　　告
1983年3月21日

两河公社管委会：

我于本年元月份由江西省于都县宽田公社敬老院来到全州县两河公社新付大队探望亲人儿女，现已两个多月，近日想回江西，因为我在敬老院只是吃穿和一点零花钱，没有工资，来时向朋友借路费，而今回去，手无分文。不得已，请求照顾三十元路费，可否？敬请指示。

老红军战士　肖春发　呈

大大满怀希望在家等消息，报告却石沉大海，了无音信。失望之余，他一个人孤独地搭车走了。

那时候我们兄妹三个都很苦，真是没得办法养活大大，他可能也不想连累我们。

气有家有四个小孩，借住在堂哥家，生活拮据。

戴姣家有五个小孩，还要养两个老的，条件也很艰苦。

而我呢，一晃眼也老大不小了，至今未婚，光棍一条，心想何不想办法把户口迁去江西，一来换个环境，二来也和老父亲有个伴。这个事情终究没有办成，我在江西待了一阵，只好返回全州，靠帮人打石碑为生。最令我抱憾的是，在我外出期间，因为缴统筹粮时联系不到我，当地就把我户口给注销了，害我做了几十年黑户，直到2016年才正式入户。

1989年大大去世，只有戴姣收到了敬老院的电报，让她过去安排安葬，还把大大的遗物都寄给了她。戴姣自己去不了，但也没把这个消息告诉气有，她心里一直怨恨气有——大大对他那样好，他却不接大大一起生活。几年后气有得知大大去世的事，也很气戴姣，两家竟这样断了联系。唉！老人下葬的事一直没有着落，敬老院便把他的骨灰盒放进了河头村公堂。

2019年8月2日，在两河镇领导带领下，我、戴姣的大女婿、小女儿和小女婿一行去江西接大大的骨灰。起春告诉大家，2008年宽田乡政府要开发水库旁边的山，通知大家去迁坟，我妈妈的坟没找到，最后他做主捧了一把土，带到另外一个山头大大的坟上，算是跟大大合葬在了一起。

8月22日上午，大大的亲戚朋友来到板塘，他的骨灰盒安放进了"红军战士肖春发之墓"。一周后，县里举行了隆重的烈士遗骸安放仪式，耳木洞发掘收殓的无名红军遗骸，集中安放在大大旁边的"红军烈士墓"。

大大临终的遗愿很简单，就是回到两河，这个心愿，在他去世30年后终于得偿了。

口述人：谌明生，全州县两河镇白竹坪村村民。

历史回闪

乱石突兀，草木凋零，起伏的山岭写满荒凉。

夕阳下没有城堡屹立，也没有让人瞻仰的炮台，甚至没有流传千年的文章。有的，只是鲜血浇灌过的黄土。

云雾蔽天，细雨蒙蒙。

从黄昏开始的这场雨，突如其来，将千年古隘雷口关淋得湿漉漉的。

咽喉，起义，围剿。

将军与士兵，匪首与商贾。

兵家必争之地。

雷口关，位于广西灌阳县城北东流村，属水车镇辖地，是湖南道县与广西灌阳县的交界之地，自古乃湘桂交通要塞，与永安关、高木关、清水关并列为桂北湘桂边界的四大名关。今时，隘口的石墙已悉数被毁，原貌不复。

午夜时分，雷口关附近响起了此起彼伏的机枪声，间或有密集的掷弹筒的发射爆破声。周浑元麾下第十三师师长万耀煌走出临时指挥所，朝枪声传来的方向伸长了脖子。

"报告！"

一个跑得上气不接下气的大头兵，猛然在万耀煌身后暴喝一声，将他吓了一跳。

"你要死啊！"万耀煌狠力丢掉手里的半截烟头，骂道。烟头在空中转了几个圈，撞到前方的一块山石，扑闪了一下，熄灭了。

"师长，我们团长让我来报告，有支队伍在前方谷地宿营，和前方的兄弟们打起来了。"由于跑得急，大头兵双手捂着肚子气喘吁吁地说。

"看清楚是什么人了吗？"万耀煌问。

"黑灯瞎火的，一开始看不清楚，后来我们团长发现是红军，就让我赶快来报告。"大头兵说。大概路上摔了一跤，他浑身上下都是黄泥，裤管全黏在腿上。那是两杆瘦得不能再瘦的长腿，万耀煌看在眼里，竟然有点莫名的心疼。大头兵弯腰想把裤管整理好，一松手，又黏上了。

"蒋团长，带上你的团，火速赶到文市增援，从山坡穿到红军侧面包抄！"万耀煌转身冲五十几米处的指挥所大喊。

蒋应声而至。

万耀煌重复了一遍命令。

"师长，现在气候恶劣，我们在狭窄的山道中不能向两翼展开，我看，今晚只能用步枪、机枪火力与红军对峙。"蒋团长焦急地说，他手里，握着一把崭新的左轮手枪。

万耀煌盯着远处群山的轮廓看了看，正要说什么，卫兵来报，周浑元的电话来了。

前方战事吃紧，这两天周浑元频频来电询问情况。

"万师长，听声音，这是和谁交上火了吗？"电话里传来周浑元的声音。

"是的，在文市，干了有一会儿烟了，估计是红军的后卫部队，人不多，但有戒备。我们不能出山坳，正在激战中。"万耀煌对着电话说。

"既然人不多，就吃掉他!"周浑元命令道。

搭桥

支义清是湘江上的船工，曾帮助红军架浮桥。

毛主席是民国二十三年（1934）来的，我帮他搭过桥哩！

毛主席来全州前，先头部队有一百多人，都穿着便衣，一听就是外地口音。他们来买东西，一开始给的是钞票，当地人不认识，不愿收，他们就给光洋。不认识的钱，谁敢要啊。

我以前是全州县凤凰石塘村人，民国三年（1914）生的，红军来那年刚好20岁，你算算我今年多大了，105岁喽，吃106的饭喽！红军来那时候，我还是个船工，靠在湘江上帮人跑船营生，那时人年轻，有用不完的力气。

那天，江边来了几个当兵的，把我连人带船一起弄到渡口，喊我帮着搭浮桥。从他们焦急的神色和对话里，我大概听出来了，马上有一支大部队要来，而且情势紧急。

江边一片繁忙、慌乱的景象，四处堆满门板、圆木、桌子、板凳，连楼梯都搬来了，各种各样的木材都有，上面都标了记号。他们讲，离开的时候再还回去。

好多人正在叮叮咚咚地敲打着架桥，几只船在江面一字摆开，上面架上圆木，再将门板一块一块拼接在圆木上，然后用绳索固定好。那些工兵熟练得很，浮桥很快就搭好了，桥面很宽，可以六个人并排走。

我帮架了七天桥，得了七块花边（兴安方言，意思是光洋）。

白天搭桥，晚上撑船，一天得一块花边。

爽快哦！

那个待遇就蛮好哦，都是给现钱哦！

我还没得过那么多钱呢。

和我们一起帮红军做工的、砍树的、打桩的也都得了工钱，也是一天一块花边。

红军有一排人走前面打先锋的啵。来，我比划给你看——好比你这个村在这里，他要从你这里过，他也不到你屋里克（桂北方言，意思是去），他在路口用石灰做个记号，指明方向，后面的人就晓得朝哪方克了。没得人带路的，就靠打前锋的人做记号。

这些人都是受过苦的。

哪里见得到毛主席？那时候还晓不得有那号人物呢。

虽然红军就从我家门口过了两天两夜，但是那么多人，你也不可能去问啊，问也问不到啊。

那次过湘江，毛主席的队伍是吃了大亏的，革命不是一次成功的啊。

那几天连打了几次霜，那些兵呢，走到也发愁了，饿到也发昏了，这里倒一个那里倒一个，河边躺满人。

红军队伍里什么人都有，有木匠、篾匠、草医、漆匠、杀猪佬，他们待人和气，宁愿睡在屋檐下、野地里，也不愿入户叨扰老百姓。每到一处还要打土豪，为老百姓做主。大家都觉得红军好，愿意为红军做事。

国民党飞机紧盯着红军打，死了好多人。

"三年不喝湘江水，十年不吃湘江鱼。"湘江边的这句民谣就是那时候传开的。

准备过湘江那天，红军在湘江边杀了头猪，有人和我们说："你们今天莫回家了，吃了猪肉跟到我们打土豪去！"

有人真跟着走了。

我没去。

其实，红军前后三次到过全州，民国二十年（1931）一次，民国二十三年（1934）9月一次，11月底一次。这些事情有些人晓得，有些人不明白的。

11月底12月初，红军过了全州，过了湘江以后，从西延转到了华江大瑶山，听讲国民党一路追到了这里，在千家寺、高田、龙塘江山口打了仗，直到红军进了老山界的原始森林，还一路追着。

我是个苦命人，在家里活不下克了，就出来打零工做苦力，最后到了兴安，来到六峒（今华江瑶族乡）高田村，做了上门女婿。现在这座房子有一半是原来雇主家的，土改时，共产党分了半座给我，有了那个基础，我后来自己弄了些木材，重新建成现在这样了。

口述人：支义清，兴安县华江瑶族乡高田村村民。

历史回闪

国民革命军第四集团军桂林行营。

在高参刘斐陪同下，刚从灌阳返回桂林的白崇禧，尚未坐定，参谋长叶琪即匆匆推门而入。

"据飞机侦察报告，湘军已占领脚山铺，封锁了屏山渡，此刻正在向南推进。又据四十五师报告，光华铺我军被共军压迫，逼近阵前三四米，当面共军人数逾万，为彭德怀的第三军团。我方兵力单薄，无力将其击破。"叶琪报告道。

"又是彭德怀！"白崇禧打断叶琪的话，迫不及待地问，"灌阳文市方面，中央军还有何动作？"

"刚接到煦苍报告，自昨天在文市给中央军一个下马威之后，现中央军已不再向南前进。"叶琪答道。

"给中央军一个下马威？"一旁正埋头看地图的刘斐诧异地问道。

"看来，白长官还没告诉刘兄此事。事情是这样的：昨日，我第四十四师王赞斌部到达石塘圩后继续向麻子渡、文市追击，第二十四师覃连芳部由文市西侧向北追击。"叶琪说。

"这个我知道。"刘斐说。

"刘兄莫急，有意思的事就发生在文市。"叶琪说到这里，故意停下来。

"叶兄别卖关子啊。"刘斐说。

"二十四师到达文市西侧时，和尾随追击共军而来的周浑元部先头营遭遇，为拒老蒋的中央军于广西境外，覃师当即向周部开火，双方干了一个多小时，竟把人家的枪械缴了。"白崇禧接过话，乐呵呵地说。

"哈哈，竟有此事。可乐！可乐！"刘斐一听，也乐了。

"覃连芳不敢擅自处置，立马电请白长官，你猜白长官怎么说？"

"自然是误会，消除误会，将人枪还给人家嘛。"

"知我者刘高参也！"

"今后，凡不请自来的中央军，先果断解决其前锋部队，然后礼送出境。两位看如何？"

"高！"

说完，三人哈哈大笑起来。

少顷，白崇禧收起笑容，轮廓分明的脸上又严肃起来，问："今日战况如何？"

"我军东线主力已攻克古岭头、隔壁山一线，部分推进到麻子渡，不过兴安方面尚未突破光华铺。"叶琪答道。

"好！"白崇禧满意地站起来，做出命令道，"即电韦云淞，从现在开始，立即向兴安界首、光华铺共军阵地发起攻击，加派飞机前往助战，务必于今日拿下界首！"

采访视频观看入口

他俩埋了他俩

脚山铺阻击战就发生在我们这里，打完仗以后，村民掩埋了很多红军战士遗体。红军撤退走得急，很多死难战士没来得及掩埋。

仗打了几天几夜，死人无数啊！

八几年记者来采访，有老一辈讲，在乌龟冲、山怪冲，三个人埋了三天三夜，到底埋了多少人，谁也无法考证了。

祖父带着我父亲上山钩松香，在通往虎形山的路边，发现一男一女两具红军遗体。祖父晓得，这肯定是在前几天的血拼中留下来的，他重重叹了口气，二话没说，让我父亲帮忙，父子俩把遗体埋了。

父亲蒋福仕曾经讲过，红军从战场撤出，赶往西延时，要经过这个地方，他估计那两个红军是在撤退途中伤口发作，没有及时得到医治。从脚山铺阻击战主战场米花山、虎形山，或者美女梳头岭走到这里，有五里多路程，对于一个浑身是伤的人来说，走这么远，血都流干了。

这样做，当时有可能遭到乡政府、保安队的惩处。

但祖父为什么还要这么做呢？

可能认为红军不是坏人，也可能出于同情。祖父是个勤劳善良、老实本分的农民。红军开进我们才湾时，蛮讲规矩的，对贫苦人很友好，用现在的话说，那是秋毫不犯。他们到处和穷人搞宣传，在墙壁上写标语"打土豪，分田地"，"红军是穷人的队伍"，"反对李宗仁、白崇禧压迫穷人修马路"，使老百姓对红军产生了亲近感和敬仰之情。

隔了几天，祖父又上了趟山，用砖头将女红军墓围了一圈。只是年代太久，加上连年山水冲洗，现在已经看不出女红军烈士墓的形状。

这两年，政府在桂北开展湘江战役遗址遗存保护及红军遗骸收殓工作，尤其是2018年，下发通知和倡议书，说要加大寻找、收殓、保护红军遗骸的力度。我听到这个消息后，第一时间到才湾镇政府提供线索，配合政府寻找在虎形山的红军墓。

领导很高兴，说"蒋月生，你做得好"。

可惜啊，只找到其中一座红军墓，另外一座找不到了。

我自有记忆起，就晓得祖父修的红军墓在哪儿，我带着大家去到山上，三几锄头就挖出了其中一副红军遗骨。大家将遗骨装进坛里，用红布封了口，领导说等公安部门检测 DNA，确认了是红军遗骸后，将会送到新建的烈士墓统一收殓安葬，检测结果出来前，只能算是疑似红军遗骸。接着挖第二座疑似红军墓。但是，奇了怪了，四周凡是有点像的土堆都挖了，就是没找到另外一座。大概是早年被山水冲洗掉了吧。也有人讲，以前这一带人烟稀少，经常有野兽出没，遗体早就被野兽糟蹋了也难讲。后来我才想起，这个地方在1958年新修过水沟，红军墓正好就在水沟旁边。1976年，水沟改道，又来开挖了一次。

阿弥陀佛。

口述人：蒋月生，全州县才湾镇才湾村村民。

历史回闪

这是红一军团战斗最激烈的一天。

湘军的攻势太凌厉了，红一师在付出惨痛的代价后，不得不于1934年11月30日晚撤离脚山铺阻击阵地。已成孤军的红二师为避免被包围，也主动撤退至珠兰铺、白沙一带，与一师占领的夏壁田、水头，构成第二道阻击线。第二道阻击线长达十公里，战线过长，而且是一片低矮的小土山，南低北高，进攻的湘军居高临下，红一军团的处境十分不利。

当晚，二师师长陈光在向团长们通报要动用师预备队的时候，团长们突然问："军委纵队渡江了吗?"陈光回答："渡了一半!"又有个团长焦急地说:"湘军超过我们的兵力十倍以上，仗不能再这么打下去了!"

脚山铺，北距全州县城三十来里，是扼守桂黄公路的高地，是湘军进入界首的咽喉要地。这一带并排着两列东西走向约两公里的小山岭，连绵起伏的丘陵地上，长着疏密不均的松树。公路右侧是尖峰岭、双把牛角抱西瓜山、黄帝岭，公路左侧是冲天凤凰山、美女梳头岭、米花山和怀中抱子岭。黄帝岭和怀中抱子岭最高，同在南段。整个地势南高北低，北来的湘军呈仰攻状，而红军一早占领了高地，原本是占据着有利地势的。

但是，脚山铺阻击阵地眼看就要不保!

一旦失守，这可是危及中央纵队和后续部队的生死大事。

而红军十二个师中，目前还有八个师，即三分之二以上的人还没过江，蒋介石的"口袋"却愈收愈紧。军团首长林彪、聂荣臻、左权、朱瑞等人分析后，一致认为红一军团的作战能力已经消耗到了极限，最多还能坚持一天，当即给红军总司令朱德发了封电报:

朱主席：

我军向城步前进，则必须经大埠头，此去大埠头，经白沙铺或经咸水圩。由脚山（铺）到白沙铺只二十里，沿途为宽广起伏之树林，敌能展开大的兵力，颇易接近我们，我火力难发扬，正面又太宽，如敌人明日以优势猛进，我军在目前训练装备状况下，难有占领固守的绝对把握。军委须将湘水以东各军，星夜兼程过河。一、二师明天继续抗敌。

林　彪

聂荣臻

左　权

随后，中革军委向全军下达紧急作战命令，命令野战军主力消灭由兴安、全州向界首进攻之敌，钳制桂军及由东尾追而来的湘军和蒋介石的嫡系周浑元部，保证后续部队于2日早通过湘江。其中，命令一军团"全部在原地域有消灭全州之敌由珠塘铺沿公路向西南前进部队的任务，无论如何要将由汽车路向西前进诸道路保持在我们手中"；命令三军团"应集中两个师以上的兵力在汽车道及其以西地域，有向南驱逐光华铺之敌的任务，并须占领唐家司及西山地域"；命令五军团"主力应向麻子渡前进，并有拖阻桂军及周敌追击部队之任务。被切断的部队应自动地突围向麻子渡前进"。

孤坟

我今年75岁，已经退休十几年，但讲起才湾乡（已于1994年撤乡改镇）政府以前那个分管农业的老蒋，好多人都知道。这两年电视报纸一宣传，我更出名了。我出名不是因为我是退休乡干部，乡干部千千万万，出名的要不就是特别好的，要不就是特别坏的，这两种我都不是，我是第三种，普普通通的。我出名是因为一座孤坟，报纸上写的"米花山下守墓人"就是我。不瞒你讲，如果从1934年算起，我们蒋家守护这座孤坟86年了。

米花山下，香樟林里这座墓，是我爹爹（桂北方言，意思是祖父）蒋忠太（当时40岁）带着我父亲蒋受宇修的，墓里埋葬着脚山铺阻击战中牺牲的红军战士，一共7位。这里以前是松树林，70年代改种过柑橘，前些年柑橘效益不好，又全部改种成香樟了。

事情是这样的。

脚山铺阻击战停火了，所有的枪声都停了下来，山岭上的烟火也逐渐熄灭，只有空气里那种难闻的气味依旧呛得人喘不过气，讲不出的味道，悲惨的场面，你看一次，就永世不会忘记。

十几天没出门，家里干柴已经烧光了，爹爹趁着出门上茅房的机会，在屋外转了一圈，见村里村外没什么人走动，就别着柴刀上山了。和往常一样，他总习惯一个人到祖山砍柴。

就在那天，山里看见的一幕，把爹爹吓得捆好的柴都没要，连滚带爬跑回了家。

7个!

从衣着看，这些人是红军。爹爹把这件事告诉了玩得好的兄弟，几个人都觉得不能让他们曝尸荒野，约好一起悄悄地进山掩埋。因为担心惹上"通共"的罪名，大家提心吊胆的，不敢在山里久留，草草掩埋了事。

后来，爹爹带上我父亲，挑来石块和泥巴，把红军墓好好地重新砌过。那一年，我父亲13岁，隔了几天，爹爹从家里找来三块烧砖，放在坟堆上。父亲曾经说，非常害怕。一个13岁的少年，乳臭未干，不害怕才怪。

脚山铺阻击战是湘江战役三大阻击战之一，而米花山是脚山铺阻击战的重要阵地。脚山铺阻击战是1934年11月29日开始打的，听讲参战的是林彪的部队，红一军团第一师、第二师，这两个师为掩护军委两个纵队和后续红军抢渡湘江，在脚山铺、白沙河一带阻击敌军。当时，湘军四个师的兵力企图南下，封锁湘江，战斗空前惨烈，到12月1日红军撤出白沙河防线，保守估计，起码牺牲了一千多红军。小时候，我经常在米花山里钻，捡到过子弹壳。山下的战壕，至今还保存完好。

脚山铺阻击战打响前，红军先头部队来到我们才湾村驻扎，写标语，向群众宣讲政策，还帮着村民劈柴、扫地、挑水。大家很快就熟悉起来。宣传起作用了，原本躲躲藏藏的村民开始回家，然后自发帮红军磨米、蒸红薯，给他们带路。村里的蒋再胆子最好，听了红军的宣传，直接报名参军了，据说是在林彪的一军团当兵，50年代回来，政府奖励了90担大米。隔壁村的唐荣世本来是来走亲戚的，见蒋平养、蒋受樾决定跟红军走，也不声不响跟着走了。另一个外号叫山野婆的给红军带路，后来就没再回来，蒋平芬讲，1936年的时候，山野婆在一次战斗中战死了。多沟桥、钱家桥都有人参军，一个高个子，我记不得喊什么名字，回来的时候耳朵聋了，讲是打仗的时候炸聋的。

爹爹在临终前嘱托我父亲，一定要守护好这座红军墓。

从那以后，每年清明我父亲都会来这里祭扫。

2002年父亲去世，这个任务很自然就落在我的肩头了。一到清明，我就带着家里的小辈上山，按照当地风俗来祭扫。2019年4月，政府把它修缮一新，还专门立了碑，如今，已是一处重要的湘江战役红军烈士墓葬保护点。保护点修好那年，来了好多参观祭拜的人，本地的外地的都有。

退休前我就建议在这里搞个纪念设施，现在终于搞成了，算是了了心愿。

口述人：蒋石林，全州县才湾镇才湾村村民。

历史回闪

落日的余晖收进越城岭连绵的山峦后，磨子石的周遭原本青绿的山头逐渐变暗，最后成了灰蒙蒙的一片混沌。

耿飚双眉紧锁，满脸焦虑。

政委杨成武见山下的湘军久不久才不温不火放几枪，干脆背靠一棵箩筐大小的三角枫树坐下。时值初冬，三角枫叶红得正是时候，杨成武捡起一片红叶举过头顶，对着太阳的方向看了看，随手把它放到右腿的绷带上。绑带上的血迹已经干了，和枫叶的颜色一样，暗红色。他早几天在脚山铺阻击战中右腿负了伤，原本耿飚不同意他上战场的，但他不放心，忍着痛跟来了。

连续抽完两根烟卷，耿飚摸出怀表，时间已经是七时二十分，他推了一把闭目养神的政委杨成武："天都黑了还这么不慌不忙的，既不撤退，也不进攻，不知葫芦里卖的什么药？"

"是啊！要不我带兄弟们攻下山，打他个措手不及。"杨成武是个急性子。

"我和他们耗着，就是不想暴露目标，只要守着不让他们往油榨坪去就是。"耿飚说。

"得，那就再等等，等他们吃晚饭的时候我再扑过去。"杨成武说。

"我在想一个问题，你说，我们刚到大埠头半天，湘军怎么就知道了呢？他们的速度也够快的。"耿飚说。

"怕是来者不善，这小股部队，会不会只是来试探我们的？"杨成武一拍大腿，激动起来，"他们会不会趁我们在西延修整的时候来偷袭？"

"天越来越黑了，我们先让刚才前出的一连战士们回撤到工事来防守，免得被偷袭。"耿飚说完，交代通信兵去传令，同时下令让左右两侧的部队做好战斗准备。

湘军见状，以为红军要撤退，兵分两路自山下包抄上来。

待湘军走近，耿飚一声令下，山头突然枪声大作，子弹如雨点般向湘军扫射过去。

激战约半个小时，湘军遭到重大伤亡，眼看讨不到好处，便向着梅溪方向撤退了。

见湘军退去，耿飚和杨成武商量后，由他带两个营坚守阵地，杨成武带着一个营撤回营地。

救命之恩

那是1934年12月上旬的某一天，几朵乌云越过远山，飘到全县（今广西全州县）西延区中峰乡，在我们龙溪村上空停住。

这一天黄昏，似乎比往常来得早些，我父亲早早地关了铁匠铺，准备回家把早上晒在田间的稻草挑回家。

路上，父亲发现了一名受伤昏迷的外乡人。父亲大着胆子叫醒他，看着那人血迹斑斑的左脚，着急地问道："你是什么人，你的脚怎么了？"

外乡人睁开疲惫的双眼，看了看父亲，大概从父亲憨厚的面孔和他的穿着上可以看出，眼前是一个朴实的农民，便说道："我是从江西来的红军，是红一军团一师三团八连八班班长，名叫朱镇中。在脚山铺阻击战中，左脚踝被敌人的子弹打穿，昏了过去。"

广西来了红军的事，父亲早有耳闻，他接着问："你是怎么来到中峰的？"

朱镇中吃力地用手把身体撑起来，说："第二天，我醒来的时候部队已经转移，我只能咬紧牙关拖着伤脚，沿大部队走过的山路一路追赶。两天了，才到了这个地方。老表，请问这是什么地方？"

父亲说："这里喊龙溪，是全州县西延区的地盘，如果你从湘江过来的，说明你翻过了清明界或者三千界。你的脚伤得这么严重，吃了大亏了啊。"

朱镇中抬起头，想看看周围逐渐模糊的群山，刚要说什么，头一歪，又晕了过去。

父亲放下朱镇中，一路小跑，到溪边用系在腰间的竹筒装了一筒水，回到朱镇中身边。喝下半竹筒水后，朱镇中的元气似乎恢复了些。父亲告诉他："听说你们大部队往贵州方向去了，已经走了三天。我看，你这个样子是追不上了，不如留下来养好伤再去找队伍吧。"

父亲把朱镇中背回村子，藏在一个废弃的园子里，每天送饭给他吃，还请了一位姓赵的瑶族老猎人给他治枪伤。几天以后，追查红军的风声没那么紧了，父亲把朱镇中接到家里。那天晚上，我们全家都在堂屋（桂北方言，意思是厅堂）里等着，父亲依次介绍："这是奶奶，这是二爷、二娘，这是我的三个崽，这是我的女。"介绍完以后，父亲要我们喊朱镇中大哥。

为了让朱大哥尽快康复，父亲借了高利粮给他吃，我们一家人依旧吃蕨粑和野菜。奶奶每天用茶水为朱镇中冲洗伤口。听说南瓜瓢可以消肿止痛，奶奶把家里所有南瓜心都掏了。邻居知道后，也把南瓜瓢送来。朱大哥非常感动，说："恩人，你们的救命之恩，我将来一定好好报答。"

父亲听完笑了笑，说："我救你不是为了要你报恩，你以后不要再叫我恩人，就叫我三爷吧，村里人都这么叫我。"

于是，朱大哥便改了口，每天对着我父母"三爷""三娘"地叫着。两个多月后，朱大哥的伤好了许多，他丢掉拐杖，开始锻炼走路。

不知怎么走漏了风声，民团把朱大哥抓到乡公所关起来，准备送到县里。

父亲心急如焚，四处托熟人帮忙，通过乡公所炊事员钱满偷偷救出了朱大哥，连夜将他送到山上躲起来。民团来追查，父亲一口咬定不知道。过了一段时间，风声松了，父亲又把朱大哥接回家继续疗伤。

为了减轻我家的生活负担，朱大哥也尽量干些力所能及的活儿，帮着放牛、砍柴、挑水，下地干些农活儿。

1935年秋天，朱大哥的伤终于痊愈了，便和村里另外五个失散红军商量找部队的事，确定了返回江西瑞金的计划。第二天，朱大哥把这个打算告诉了父亲，父亲说："好啊，你想回家这是人之常情，不过，能不能等两天再动身，我给你筹点路费。"随后，父亲卖了几担稻谷凑得四块银圆，让我母亲把钱缝在一顶破斗笠里，交给朱大哥。

朱大哥历尽千辛万苦到了江西瑞金，几番周折后回到红军游击队。此后，他参加了抗日战争和解放战争，成为一名团级指挥员。新中国成立后，朱大哥在南京军事学院学习、工作。直到1955年，朱大哥从南京写信到中峰乡联系，但不知道我父亲的名字，信封上只能写"油榨坪三爷收"，中峰邮电所弄不清是谁的信，好几个月送不出去。后来，油榨坪街上有个兄弟中排行第三的老人，打开信来看，根据里面的内容分析，认为是寄给我父亲的，信这才到了我们家。父亲喜出望外，激动得热泪盈眶，马上喊我大哥回了一封信。两家就这样联系上了。

1956年12月，朱大哥将我父亲接到南京住了一段时间。

1962年1月，我已经是农业合作社社长，写信邀请朱大哥回龙溪看看。那是他离开以后第一次回来，县领导知道以后，热情邀请他到县城，给干部职工和中学生做了一个多小时爱国主义讲座。

1963年10月13日，朱大哥刚到北京工作不久，就邀请我父亲去北京玩。父亲带着我和大哥，坐火车到了北京。朱大哥的儿女们都喊我父亲"三爷爷"。我们带去一大包糍粑，由于路途遥远，糍粑已经长出绿霉，他们一家还是视为最珍贵的礼物。几个孩子把糍粑上的霉点刮掉，洗净晾干后煎着吃，他们说很香。父亲还带去一把他亲自打的斧头。时隔多年，朱大哥的女儿朱宁娣来龙溪时，还和我提到这件事："家珉，还记得三爷爷带去北京的那把斧头吗？质量非常好，我们家用了好多年。"

"文革"期间，朱大哥受到审查。面对山外来的调查人员，我父亲不顾压力和谣言，坚持讲真话，力证朱大哥是清白的。

1982年9月，在总参测绘局当顾问的朱大哥带着儿子，又一次回到龙溪村看望了我们。

1986年6月，朱大哥受邀到广西拍摄大型电视系列片《长征，生命的歌》，再次回到龙溪村。这时父亲已经去世，朱大哥眼含热泪给父亲扫墓，并敬献花圈，挽联上写着：

　　亲人父亲恩重如山！原红一军团一师三团八连八班班长朱镇中。

口述人：粟家珉，资源县中峰镇大庄田村龙溪村村民。

历史回闪

生死攸关！

"一日战斗，关系我野战军全部……我们不为胜利者，即为失败者……向着火线上去……"这道命令，既是军事命令，更是政治指令。

这是一封措辞严厉又满怀期望的电令。

接到电报后，所有一线部队都在按照要求准备战斗。

这是一个不眠之夜。生死存亡在此一战。

读完电报，聂荣臻给红二师政委刘亚楼下了死命令："今天是关键的一天，你们要不惜一切代价，无论如何也要顶住敌人，守住阵地，

MK2英式钢盔，也称托尼钢盔，桂军大量装备的钢盔之一，部分川军、西北军和早期的中央军装备最多。托尼钢盔、短衫、短裤，是桂系部队的标配。

俗称"盒子炮"的德国毛瑟（MAUSER）手枪，很受红军欢迎。别看它的枪管长度不如步枪，射程也只有50余米，但具有单发和连发功能，若将木制枪套倒装在握柄后，瞬间就变成枪托，射手可以抵肩扫射，是绝佳的近战利器。在几次反"围剿"战斗中，国民党逃兵将手中武器卖给红军，一支盒子炮可以卖到120块银圆，而一支"汉阳造"步枪不过卖25块而已。长征途中，红军把盒子炮集中配备给一线部队的连长、排长和警卫部队，作为关键时刻的"撒手锏"。图为毛瑟手枪的木质枪套。

以保障中央纵队渡过湘江！"

紧接着，红军总参谋部电令一军团在当日二时前，无论如何要保证决不让敌军突破白沙河，使红军总部和全野战军能顺利渡过湘江封锁线。

12月1日的早晨异常清冷，银霜遍地，寒风料峭。

天一亮，湘军在蒋介石派出的飞行大队配合下，开始了进攻，兵力比前一天更多，火力比前一天更猛。

敌众我寡！

但红军士气高昂！

二十多里地的战场上，炮声隆隆，杀声震天。在茂密的松林间，双方展开了生死存亡的拼杀战。开始，湘军猛攻红一师三团阵地，三团连续打了几次反冲锋。敌转而猛攻红一、二师的接合部，最终突进四五里地，并迂回到三团背后，包围了三团的两个营。一个营突出了重围，和红一、二团会合。另一个营突错了方向，反而突入敌群，被分割成许多小股，情况十分危急。

在半山腰的一堆乱石后面，红二师四团团长耿飚与参谋长李英华遇到一架重机枪，副射手浑身是血，看样子伤得不轻，只能躺着辅助射击。正射手看到耿飚，边开火边喊："你们快一点，往东边去！"耿飚问："往东边去干什么？"他说："是团长的命令！"耿飚一看，这位战士是五团的，杀红了眼，连人都认不出来了。耿飚对他说："东边由我们四团顶住了，你们就在这里坚持，我去叫援兵。"他这才认出耿飚来。耿飚刚走出不远，那地方就落下一排炮弹，耿飚回过头，见到重机枪的枪管和两顶红军帽夹在沙石里飞向空中。

借助松树和灌木的遮蔽，一小股头戴钢盔、穿戴整齐的湘军竟不声不响地越过数层岗哨，摸到了锥子岭东北麓，离红一军团指挥部一两百米的地方。林彪、聂荣臻等军团首长正围着地图研究下一步战斗部署。

警卫员邱文熙突然听到了一声不同寻常的响动。他定睛一看，妈呀！几十个敌人正猫腰向着指挥部方向摸来！

"不好了！敌人已经端着刺刀上来了！"邱文熙冲进指挥部，一脸惊慌地喊道。

聂荣臻不信，抬头盯着邱文熙说："恐怕是我们的部队上来了，你没有看错吧？"

邱文熙说："没有看错，绝对没有看错！"

聂荣臻快步走出指挥所，到前沿透过灌木间隙一看，果然是头戴钢盔的湘军。

左权正在吃饭，全然不知这从天而降的危险，聂荣臻伸出双手，在空中使劲拍了一巴掌，说："老左，敌人上来了，赶紧走！"左权迅速扔掉饭碗，拔出手枪振臂一呼："跟我来。"

"赶紧撤收电台，向山隘口转移，警卫连准备战斗！"布置好后，聂荣臻转身对警卫排长刘辉山说："你赶紧去山坡下通知刘亚楼那个政治部，让他们向预定方向紧急转移。"

刘辉山刚抬脚，一颗子弹射过来，打穿了他的脚板心。

见刘辉山倒地，离他最近的两名战士立即扑过去，一人抬手一人抓脚，将他半抬半拖抢了回来。"我去吧！"还没待聂荣臻发话，副排长已经猫着腰冲了出去。

撤退的时候，湘军飞机活动越发疯狂，几乎是擦着树梢投弹、扫射，还撒下很多传单，写着"如果不投降就要葬身此地"。很多人被吸引了注意力，不专心往前走了。聂荣臻忍不住着急地催促："快走！敌人的飞机下不来，要注意的是地面的敌人。快走！"

活着

参加红军以前，我父亲李德明是桂北山区的一个放牛娃。

他1916年出生于车田苗族乡坪寨村，家里很穷，用我爷爷的话说，是穷得叮当响。父亲曾说："这么说吧，我的裤子上上下下，全是补丁，补丁破洞以后，又在上面加一个补丁，有时，屁股或膝盖部位磨出个新洞来，便前后调一下（其实，扎扎裤原本就没有前后之分），前后两面换着穿。有时候吧，我想，老子的裤子虽然疙瘩多，但是越穿越厚了，保暖啊。"父亲的童年，除了上山打柴割草，就是帮人看牛，牛犊子没有偷吃别人家的作物，没有犯事，没有人登门告状，晚上回家没有被牛脾气的老子暴揍，就是他最欢乐的事。

1933年，爷爷因参加桂北瑶民起义，被关了笼子。放出来后，（爷爷在）家里混不下去了，把我父亲带到全州桐油山。父子俩靠帮人做零工养家糊口。

1934年12月，中央红军经过桐油山，经过和红军接触，爷爷认定这支队伍正是自己要找的，对我父亲说："小子，白军打仗为地主老财，红军打仗为穷苦百姓，如果你想当兵，就要当红军。"

那一年我父亲刚满18岁。

红军到来前，许多村民躲上了山。

爷爷是个不信邪的人，偏要留下来看个究竟。

红军纪律严明，对穷苦百姓秋毫无犯，这让不安分的爷爷激动起

红军缺钱缺物，买不起大量的武器和弹药，所以便自己动手制作了这样的手榴弹。

来。他烧起三大锅生姜水，让饥寒交迫的红军驱寒，趁机走近他们，了解这支操着江西、福建口音的队伍。

"红军绝对保护瑶民！"

"红军是穷人自己的队伍！"

村口的土墙上，夜里多出了两幅标语，爷爷蹲在墙脚，双眼盯着墙上的字，琢磨着。两袋旱烟抽完，他还是没琢磨透。因为，他斗大的字不认识几个。有个路过的红军伤员见爷爷盯着土墙发愣，一屁股坐在爷爷旁边的石头上，和他聊起来，向他解释了红军是一支什么样的队伍。

当晚，爷爷失眠了，他推开我父亲虚掩的房门，闷头吞云吐雾好一阵后，冷不丁冒出一句话："只有红军才能让我们这些穷苦农民翻身做主，过上好日子。"然后拍拍屁股走了。

父亲也失眠了。

头年，老头子和叔伯们起义被国民党抓捕的情景，还历历在目。

老头子虽然没有明说，但聪明的父亲知道，老头子的话既是鼓励，也是暗示。平日里爷爷总是寡言少语，自从红军来了后，他的话多了起来，丢下地里的活儿不干，整天想着往有红军的地方跑。饭桌上说起红军的枪杆子，说起红军的手榴弹，总是眉飞色舞，言语中满是羡慕，就差说一句"头年，要是我有这些家伙，看哪个还敢抓老子"。

第二天一大早，父亲放完牛回家后，迫不及待去村口找到红军，要求参加他们的队伍。

驻扎在村口的，是林彪、聂荣臻麾下的红一军团一师。

临行前，爷爷说："你当了红军，我很自豪，一定记得要守纪律，就算再苦再累也要坚持，绝对不能半途而废，绝对不能偷跑回来。"

"晓得！"父亲使劲点点头，告别了老头子，告别了桐油山。

父亲被安排做了炊事员。

听说，遵义会议后，面对国民党军队的重兵围堵，毛泽东指挥红军在川黔滇的崇山峻岭间纵横驰骋：四渡赤水、虚指贵阳、威逼昆明、巧渡金沙江……跳出了敌军的包围圈。

四渡赤水，无疑是父亲人生道路上的重要转折。这次战役中，他已从警卫员成长为一名前锋战士。

土城，位于贵州省遵义市习水县，这里差点成了父亲的葬身之地。

那天，一颗流弹从天而降，击中了父亲的右臂。从此，他的右臂几乎残疾，不能再拿枪提物。他没有放弃，更没有下火线，硬是把自己训练成了一个枪法精准的左撇子。桂北男儿的刚毅和血性，逐渐在他身上显现。

长征途中，国民党步步紧逼，平均三天就有一次遭遇战。

但对于红军战士而言，与敌人真枪实弹的战斗不算什么，你死我活的肉搏也不算什么，真正考验意志的，是恶劣的天气和环境。

父亲对我们说，有座夹金山，是长征以来面对的第一座大雪山。很多人从没见过雪山，更别说爬了，从山下就可看到覆盖山顶的大雪，虽然远看没什么，可真正爬起来，才知道什么是天险。在雪山上，红军好像进入另一个世界，北风呼啸，让人张不开嘴、迈不开步子。由于行军数月，粮食补给不足，红军战士们衣服单薄，又饿又冻，加上雪山的空气稀薄，阳光一出，白茫茫的，刺得人睁不开眼。许多战士踩在软绵绵的雪里，就想找个坑暖和暖和僵硬的身子，摔倒的想要站起来，却觉得浑身无力，然后永远躺在雪山上了。

父亲无数次想，算了，蹲下来歇会儿吧，但脑子里一直还有个声音，告诉他不能睡，一睡就再也起不来了。

而广袤无垠的大草原，则是更危险的地带。

大草原上没有树，没有鸟，也没有虫，更没有人烟，连阳光都是罕见的，有的只是无边无际的野草和草下深不见底的沼泽。

队伍没有方向，没有目标，大家站成一排，机械地走着。谁也不知道自己脚下踏的路是不是无底洞，身边的人经常走着走着就不见了。

草原气候变化太快，天气十分恶劣，加上粮食供应严重不足，所以只得吃草根和皮带。皮带是用真牛皮随便加工一下就捆在身上的，所以能吃。但是，牛皮火上一烤就变得非常硬，非常难以下咽。但不吃不行，还得行军呢。

自然的凶险，不仅对人的身体是极度的摧残和考验，对心灵也是一次次煎熬。

走到一半时，父亲回头看，发现草原上布满了一个个的斗笠（当时红军是戴在头上的，不是背着的），他知道，每一个斗笠下面，都埋着一个红军。经过无数次的枪林弹雨，战友间的感情都很深，但一旦陷入沼泽，下降速度很快，旁人根本不能拉，也拉不住，只能眼睁睁看着战友陷入泥潭。

当红军走出草地的时候，幸存的战士们几乎都瘦得只剩骨头架子，许多人患了咳嗽、胃病。父亲也未能幸免，严重的胃病和虚弱的身体让他举步维艰。

"就算再苦再累也要坚持，绝对不能半途而废。"想到老头子的嘱咐，父亲坚持了下来。他和正常人一样，冲锋陷阵，走过了雪山草地，忍受着比常人多一倍的磨难，顺利完成了长征。

据统计，湘江战役期间，参加红军的桂北子弟一百多人，走完长征只剩下为数不多的几个人。

作为经历过红军长征、抗日战争、解放战争的老革命，父亲在1955年被授予大校军衔，后来还被授予三级八一勋章、三级独立自由勋章、三级解放勋章及二级红星功勋荣誉章。抗美援朝战争打响，父亲正在华北军区疗养院养伤。听到消息，他立刻向组织请命，报名参加志愿军，奔赴朝鲜战场。

父亲常说："部队就是我的家，只要祖国需要我，我随时愿意为她献出生命。"父亲有五个子女，在他的影响下，全部都参了军。

我母亲何其贤也是八路军战士，他们的相遇，在部队里是一段佳话。1945年，父亲奉命参加古北口阻击战。部队住在百姓家里，离开的时候，一个年轻的妹仔也要跟着部队离开，她后来成了我母亲。之后，她担任了八路军的后勤卫生员。

因为父母都要行军打仗，我年幼的姐姐李清莲被装进背篓，放在马背上由警卫员负责照顾。马背的颠簸，加上周围炮火不断，姐姐被吓得一直哭，父亲不得不将她寄放在老百姓家里，请乡亲代为照管，直到她两岁时才接回家。父亲看到蓬头垢面的女儿，心疼得不行，脱下军大衣裹住他，连说对不起，对不起。

1953年，在北京稍稍安顿下来后，父亲迫不及待地回了广西老家一趟。他目的很明确，就是要告诉多年未见的父母，他完成任务回来了。然而，父亲的突然出现着实把家乡的父老乡亲吓了一跳。家人根本没想过，经历过这么多年战争，这么久毫无音信，他还能活着回来。奶奶哭了好几回，见人就说，他回来了，他回来了，我的德明回来了，他还活着。

口述人：李东升，李德明之子。

历史回闪

红二师第四团与红一师的边界，有一条弯曲的干涸河沟，极不易展开火力，最终却被湘军攻进几里地。四团在组织突击队、准备向入侵的湘军反击时，军团保卫局局长罗瑞卿到阵地上来了。

保卫局的政工人员，已经组成了"执行小组"，作临阵"督战"之用。当耿飚看到罗瑞卿提着驳壳枪，带领执行小组走来时，心里不由一悸：糟了！

当时政治要求极严，谁在作战时弯一下腰都要被认为是"动摇"而受到审查，轻则撤职，重则杀头。在战场上，尤其是战斗失利的时候，保卫局局长找上门来，大半是不妙的。

果然，罗瑞卿来到耿飚面前，用驳壳枪点着耿飚的脑袋，大声质问："西城，格老子怎么搞的？为什么丢了阵地？说！"

"西城"是四团代号。

罗瑞卿腮部有一伤口，是第二次反"围剿"时在观音岩负的伤，由于愈合不好，加上他那严厉的神情，真有点"咬牙切齿"的样子。

耿飚说："你看嘛，全团伤亡过半，政委负伤，我这当团长的已经拼开了刺刀。敌人兵力处于绝对优势，我一个团抵挡十多里的正面，接合部的失守，也是战士全部牺牲后才发生的。"

李英华赶紧报告："我们正在组织突击队，一定要把阵地夺回来。"

罗瑞卿缓和下来，说："因为接合部被突破，白沙河防线随时有被攻进的危险。四团不应该有这样的事嘛。"

他用了信任的语调，大家才松了一口气，继续商量如何出击。为了缓和气氛，罗瑞卿递给耿飚一支烟，说："指挥战斗不要披着毯子，像什么样子嘛。"

耿飚的警卫员杨力与罗瑞卿是熟人，赶紧把他拉到一边，诚恳地说："罗局长，您弄错了。我们团长正在打摆子，是我给他披上的。"

罗瑞卿这才真正后悔了。他与耿飚温和地谈了一会儿，告诉耿飚，军委纵队刚刚渡过大半，阻击部队务必顶到中午十二时后，才能保证大部队完全渡过。

耿飚直言不讳地说："他们走得真慢！我们每分钟都得用血换啊。"

罗瑞卿长长地出一口气，自语了一句"格老子！打！"就匆匆走了。

临走前对杨力说："过了江，到'戴胡子'那里给你们团长弄点药来。"

红四团突击队堵住了湘军冲进来的缺口之后，团里又组织了一个营的兵力，把突进来的那股湘军就地歼灭。接着，战士们硬是拼刺刀将来势汹汹的大批湘军杀了回去。激战中，飞机又来了，通信排要吹防空号，耿飚说："不管它，因为敌我正在拼刺刀，敌人扔炸弹，会把他们自己的人炸死。"果然，敌机仍然俯冲，但投下来的不是炸弹，而是些传单，上面写了些"红军如不投降便要葬身湘江"之类的话。那些白花花的纸片，正好让后面做饭的人拿去做了引火的"柴"。

事后，耿飚才知道罗瑞卿冒着火到四团阵地上来的原因。

原来，那股冲进来的敌人，竟鬼使神差迂回到红一军团指挥部去了！

接合部被突破以后，红二师也有被"包饺子"的危险。因为红二师部署靠外，他们当机立断，命令守白沙的团队将敌人坚决顶住。这个团打得非常顽强，硬是将来势汹汹的湘军顶住了，其他两个团这才得以撤出，向西边大山靠拢。

油榨坪纪事

1934年12月3日，根据敌情变化，中央红军决定放弃就地休整两三天再从西延地域出湖南城步与红二、红六军团会合的打算，向西经兴安六峒（今华江瑶族乡），深入越城岭（老山界）山区。是日，红一军团第十五师、红九军团集结油榨坪地域，向青坪界方向警戒；军委第一纵队仍留枫木，第二纵队移师佘家坪及石丘坪地域。我沿着中央红军足迹追寻，2019年3月14日，在油榨坪刚好遇见黄长清（左一）和另外两人在渡船铺附近溜达，得知我想进去看看，便找来钥匙，还热情地介绍情况。

---- ★ ----

我叫黄长清，今年76岁。

我旁边这个是李兴荣，66岁。

他后边这个是赵光清，70岁。

我们都是油榨坪本地人。这里现在是资源县中峰镇所辖，民国以前是西延区辖地，属于全县（今全州县）下面的一个区。民国二十四年（1935），将全县西延区属八乡（延东、延中、延北、梅溪、瓜里、中峰、枫木、五排），全县长万区万德乡的大里溪一村，兴安县越城区的车田乡、浔源乡合并，成立了资源县。资源和湖南交界，号称广西的北大门。

红军的板路，自小就听我老子黄须同讲。那年他已经17岁，对湘江战役记忆深刻。

你说今年是湘江战役85周年，难怪最近来参观的人特别多。

据说当年红军就是打算从西延转道去湖南城步的，说有一支部队在那边等着接应。后来呢，好像说国民党已经派重兵在湘桂边界把守，于是改变了方向，向兴安华江去了。

油榨坪坐落在越城岭西南腹地，四周都是连绵的群山，这里自然形成一个小盆地，地势开阔而又平缓，发源于越城岭山脉的资江，就从这片盆地中央穿过。

那年12月初的某天，红军突然降临油榨坪。

我老子讲，红军进抵西延山区后，国民党兵并没有马上追过来，这让红军有了短暂休整的时间。那两天，往昔沉寂的油榨坪突然热闹起来，有几分像圩场，赶圩的大多操着福建、江西口音。

油榨坪老街中段九姑娘家，是房屋占地面积达600多平方米的大户，围成一圈的走马楼、四合院里，挤满了红军的机关人员和直属部队，到处是匆匆忙忙的人影。九姑娘院门口的几棵百年古樟下，也全是来来往往的人。距九姑娘家500余米的盛春台家，是油榨坪的第二大户，建筑风格却迥异于九姑娘家，盛家大院由前后三进的房屋组成，也住满了红军。

油榨坪傍资水而建，一条用鹅卵石铺成的丁字路贯通南北，丁字路的两边是高低错落的商铺，两米多宽的街道上，挤满了穿着灰色军装的军人，他们或躺或立，或依墙而坐，疲惫不堪。街道外面的空地上，则四散着骡马、担架、各色挑子。

其实，我们油榨坪最有名的建筑，不是九姑娘家的跑马楼，也不是盛家大院的四合院，而是始建于明清时期的油榨坪庵堂，也就是现在看到的这个渡船铺。

为什么喊油榨坪呢？

自古以来，当地人以种植油茶为生，建有榨取茶油的作坊，故取名油榨坪。油榨坪街道人丁兴旺，商业发达，明清时期湖南人纷纷迁居到此，形成繁华的街道。居民靠小木桥通往河对岸。每年三月三拆除木桥，六月六恢复，以防汛期洪水摧毁该桥。每遇汛期则以木船摆渡让人们过河，翻船事故时有发生。为祈求一方平安，有善男信女在渡口修建渡船铺，放置渡船设施，内设河神菩萨、关圣帝君供奉。

我老子讲，可能是红军一个军团的临时指挥部，就设在庵堂。他还讲，当时红军为了保护党中央，派兵在清明界上守着，国民党从界首和全州方向追过来，双方就打了起来。

有人喊油榨坪的老百姓把茶水烧好，放在家门口，让过路的红军有热茶喝。听讲他们住了两三夜就离开了，往兴安方向走的。

红军走后不久，国民党军就一路追过去了。

油榨坪很快又恢复了平静。

口述人：黄长清，资源县中峰乡油榨坪村村民。

历史回闪

　　天亮之前，昨日失去联系的红十五师之四十三团、四十五团，终于赶到师部直属机关驻地油榨坪，与师部会合了。

　　原来，红四十三、四十五团在大坪渡不能通过，便绕道界首下游抢渡湘江，虽然减员不少，但总算会合了，大家抱在一起，既高兴又难过。

　　归还建制后，红十五师奉林彪命令立即赶赴青坪界扼守，掩护军委纵队。

　　青坪界又名清明界，海拔1355米，位于全州县绍水镇大惠村与西延区唐家山村的交界之地，与三千界一样，都掩映于越城岭山脉崇山峻岭间，是湘桂古道上的险要关隘。

　　上午十一时。

　　就在红二师两个团前后夹击，将进攻大帽岭的湘军击溃的同时，清明界也发生了紧急情况。

　　湘军占领凤凰嘴、大坪渡口后，沿绍水大惠村一路向西延方向追击而来，与正在清明界警戒的红十五师爆发了激烈的战斗。

　　十五师，又称中国工农红军少共国际师，是苏区扩红时，于1933年8月才在江西博生县组建的新部队，由周恩来亲自授旗，是一支全部由模范青少年组成的特殊部队，全师共一万余人，百分之七十都是党团员。这些十六岁到二十四岁的娃娃兵，面对湘军的猛烈进攻毫无惧色，死守在阵地上。

　　一连几昼夜的激战，他们早已经打红了眼，吃不下饭，喝不进水。此刻，娃娃兵们生命的活力全都集结在刺刀上、枪膛里，随时准备喷薄而出。

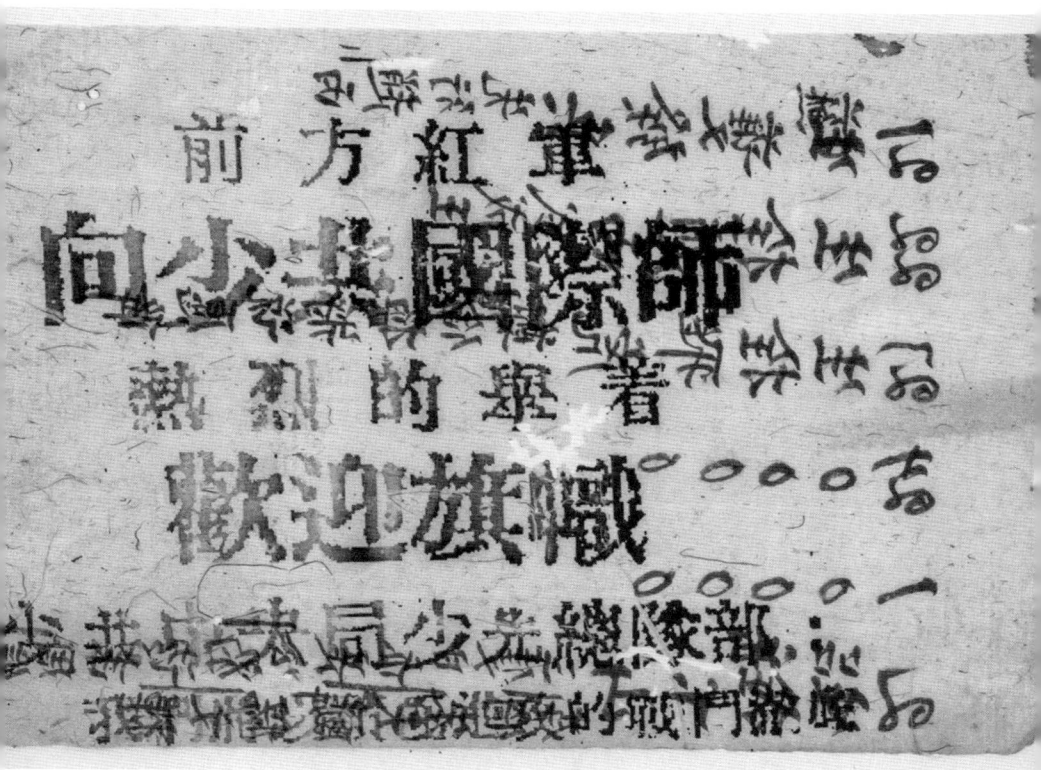

前 方 红 军

向少共国际师

热烈的举着

欢迎旗帜

12月3日，红十五师四十三团、四十五团终于追赶上师部，"前方红军向少共国际师热烈地举着欢迎的旗帜"，一张张散发着油墨味的欢迎传单，很快在年轻的战士们手里传开，鼓舞着血气方刚的少年。

2019年3月13日下午，全州凤凰嘴渡口，一台挖掘机正在整理地面。这里将建一座湘江战役纪念设施。几位老人一边围观，一边谈论85年前发生在这里的那场恶战。1934年12月1日，中央红军五军团十三师、红八军团、红九军团从此渡江。凤凰嘴渡口是红军牺牲最多的渡口，红八军团几近全军覆没，全军团只剩千余人，因此，12月13日中革军委决定取消该部番号。"几架飞机向正在过江的红军丢炸弹，不断有战士倒下去，沉到江底又浮了起来，顺着水流往下被冲走了，整个江面上全是血啊，断胳膊断腿不知道有多少，很多被炸上了岸……"老人说，"红军走后，村里的人把牺牲的红军拖到村后的山头掩埋，死得太多，实在埋不完了，有的就让江水冲走了。"

站住，你要到哪里去

刘发祥青年给我们红军做了巳（四）件大事证明：

第一帮我们红军在界首江边架了二路木桥；第二带我们红军在光华铺打了一胜仗，感谢发祥同志；第三带我红军上长征大道过五福关胜利到洛江；第四同我们红军一路宣传，在关帝庙开大会宣传群众干革命。

红军证明，朱排长写。请发祥同志放好。

民国二十三年十月二十六日

红军证明

朱排长写

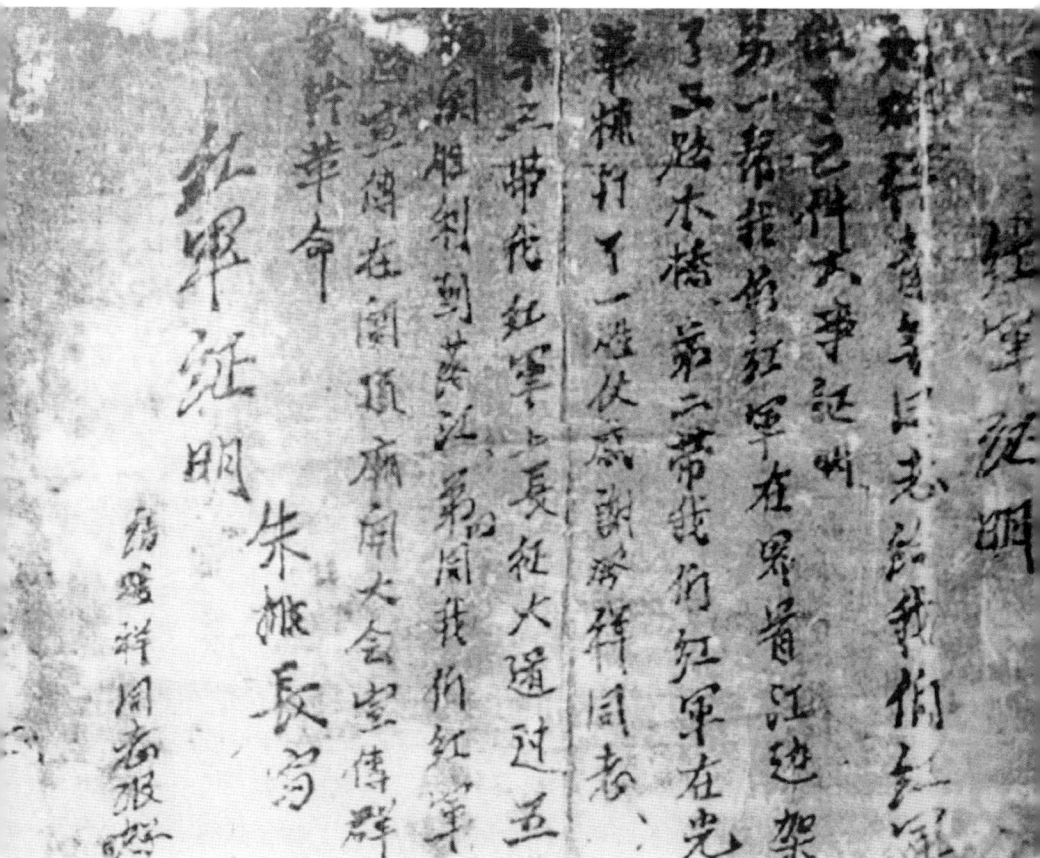

民国二十三年十月二十六日（1934年12月2日），界首农民刘发祥把红军送到洛江，朱排长给他写了这张证明。

这是刘发祥保存的"红军证明",是一位姓朱的红军排长留给他的。记录的事情简单,证明的语言朴实,却见证了红军长征中最壮烈的一场战役——湘江战役,见证了一位普通群众与红军的情谊。

桂林北部都庞岭海洋山的奇峰绝壑,是湘江广西段发源地。溪水出涧,沿途接纳数条涓涓细流。在兴安古镇界首,形成宽约十数米的河面,称为海洋河。沿着南高北低的地势,河水缓缓一路向北,过全州,与同源海洋山的湘江另一支流灌江汇合。两水挽手,日夜奔流,喧哗北行,进入湖南,在永州零陵接潇水。自此,湘江浩浩汤汤,再行北上,于岳阳市湘阴县注入洞庭湖。

湘江战役,就发生在广西境内湘江段。

而界首,是中央纵队渡江的地方,位于兴安县北部十余公里的湘江边,在水路漕运年代,是从湘江到灵渠的一个中转站,因此成为桂北商贸的集散地。一条老街紧邻着湘江,街上店铺林立。

那是1934年的冬天,湘江边的界首古镇早已是风声鹤唳,红军要来的消息早就传开了。国民党桂系在桂北湘桂边界实行坚壁清野,在他们的宣传下,湘江两岸的百姓几乎都跑了。可刘发祥不怕,他早就从师父那里听说过红军。

当时,19岁的刘发祥跟着江西铜匠学打铜器。师父原是江西永兴县的农会副主席,为躲避民团追杀,逃难来到广西落了脚。师傅告诉他,红军打土豪分田地,是穷人的队伍,不用怕,穷人不用躲。师父那天喝了点酒,一股脑说了许多红军的事,刘发祥听了,恨不得马上去见一见,看看红军到底是什么样的。那些天,他满脑子想的都是红军的事。

11月27日,红二师第四团抢占了界首渡口,随后由红三军团第四师接防。

听说红军来了,师父叫刘发祥去渡口迎接。

30年代初期，红军力量弱小，湘赣边境斗争形势异常复杂，国民党势力对工农红军追赶围剿，不少红军战士遭暗害。红三军团制作了"外出证章"，专供战士外出携带，作为身份证使用。证章为当时这一特定时期的历史见证。

"站住，你要到哪里去？"

刚走了几步，从界首下街来了20多个人，拿枪对着刘发祥。

"是我师父叫我去接红军，他是江西永兴的。"刘发祥赶紧照着师父交代的回答。

红军听了放下枪，跟刘发祥回到家里见师父。"是自己人，是自己人。"一见面，师父就高兴地说。

刘发祥和师父把前些天看到的情况一五一十告诉红军："三天以前，界首渡口两岸都住满了李宗仁、白崇禧的军队，每隔半里路都修有碉堡，不知道为什么，前两天一下子全撤走了。"

见刘发祥好像知道蛮多事，一位姓朱的排长便叫他带路，在界首古镇上上下下跑了个遍，果然没有看见一个国军的人，只是，附近的老百姓也跑得差不多了。

红军在界首老街上的关帝庙召开群众大会，宣传红军是工农自己的军队，是为着工农自己的利益而打仗的，并给群众分衣服，分猪肉。红军宣传员的江西话，老百姓有点听不懂，请刘发祥帮忙解说："红军是来保护我们的，不管男女老少，只要来了，都可以分衣服，分猪肉！"

朱排长给刘发祥一个喇叭筒，让他到对面的山上喊群众回来，说红军不打人不骂人，不抢东西，是穷人自己的队伍，还说晚上要演文明戏，分东西。

一些胆大的人真的回来了。

红军很快赢得了界首百姓的信任，于是趁热打铁，发动群众卖粮食给军队，解决了吃饭问题。

红军占领界首，首要的问题是架设浮桥，保证中央纵队和红军主力由此过江。师父知道这个事后，先是叫刘发祥带他们去各家各户做动员，借木头和木板。老百姓不在家，就叫人记下各家主人的名字。刘发祥的胆子越发大起来，人前人后，跑得更起劲了。请人寻找木材时，刘发祥和镇上的陈木匠、还有一个人，一起借了108根木头和若干油桶。材料很快找齐了，红军来了70个人，一起架桥。红军队伍太大，走得太慢，又找来渡船架了两座桥，一座在三官堂门口，租了12条木船做支撑，另一座在上街，上街水浅，用案桌做支撑。大家跳进刺骨的水里打桩、拼接，不多久浮桥就搭好了。

第二天早上，红军要刘发祥带路到光华铺，还带了34条（挺）水枪（机关枪）过去。

光华铺的战斗打响之后，一直打得很猛。第二天红军要过五福岭，刘发祥把他们带到洛江，交给一个姓邬的驼子（桂林方言，意思为驼背的人）就打转回来了。红军走之前，送了一担米给刘发祥，最先带红军来的朱排长给刘发祥写了张证明，刘发祥像爱护传家宝一样爱护着它，一直珍藏在家中。

"因为80多岁的奶奶有病，不然就跟着红军走了，"采访接近尾声，刘发祥走到门口，抬头望着远处，微笑着对我说，"可能我已经当了大官，哈哈！"

我唰唰唰在本子上写着。

刘发祥掏出一根烟递过来，我摇手，表示不抽烟，他转身把烟递给陪同我采访的人："刚才你讲他是什么人？兴安县人大常委会主任？主任是个什么官？"

我忙接过话茬："是副主任，一个芝麻官，你喊我吴海峰得了。"

刘发祥哈哈笑起来。

口述人：吴海峰，兴安县人大退休干部。

历史回闪

夜幕尚未降临，大地已经一片寂寥。

阴冷的寒风刮得洛江村口光秃秃的柳枝左右摇摆，枯黄的野草在狂风下不断哀号。远处的枪声稀稀拉拉不时响起，最后，在残阳落进越城岭那绵延不断的山脉后，全部停了下来。

浩浩荡荡的中央第二纵队终于在村里、山间树林中停下休息。炊事员进村烧了开水，大家整整一天才吃了第一顿干粮。利用这个时机，各单位召开支委会，号召共产党员在接下来的急行军中，发挥模范带头作用，加强团结互助，不让一个人掉队，保证12月2日按时到达指定地点西延、护卫岭地域集结。会后，干部又向所属人员进行思想动员。副司令邓发大着嗓门说："到西延还有十五里路，路不算远，今晚大家好好休息，明天拂晓开始赶路。"

天色暗下来，没有月亮，没有星星，村庄和田野都消失在黑暗里。

不时出现在天空的敌机也没了踪影。

看着周围的战友，许多熟悉的面孔不见了，大家心里都感到非常沉重。虽然疲惫不堪，但总是无法入睡，一闭上眼，脑海里就浮现出那些倒在江里的战友。

红八军团电台政治部收容好失散人员后，就地在树林中宿营。

入夜，电台的人还在紧张地忙碌着。

司令部和军委的联系已经中断两天两夜，这四十八小时的每一分钟，大家都热切地期待着军委的信息。在焦虑和盼望中好不容易摆脱了敌军的追堵，而收发报机却偏偏出了故障。几个机务员、报务员急得连晚饭都不愿吃，一直检修到深夜，还是不能使用。

袁光向周昆军团长报告了这个令人沮丧的消息，心想准要吃批评了。因为他比别人更清楚，首长们这几天不仅急于得到军委的指示，而且更关心着军委的安危。结果出乎意料，几位首长听了袁光的报告，谁也没有批评他，反而安慰说："不要着急，回去让同志们休息，明天再修吧。"

回到电台，袁光把军团首长的意见转告大家，几个人像是没有听见，半天谁也不动，仍围着收发报机这里瞧瞧、那里弄弄。

和衣在充电机旁躺下，袁光翻来覆去睡不着，一合上眼皮，几天来的险恶场面便浮现在脑际，而更令人沮丧的是两天没有和军委联络上，军委和兄弟部队到底怎么样呢？……袁光想着想着，不知什么时候，朦朦胧胧地入睡了。

军委第一纵队第一梯队司令员彭雪枫毫无睡意。

夜出奇的安静，这反而让彭雪枫有些不放心，此处离界首不足十公里路程，离凤凰嘴渡口也仅二十公里，仅此两地湘军、桂军兵力就不下三个师，若他们趁黑一东一北突袭鲁塘，后果不堪设想。

想到这里，彭雪枫不禁倒吸一口冷气。他翻身而起，径直来到警备队，询问了警戒设置情况后，吩咐加强戒备，并察看了周边地形和几个哨位，边走边对随从人员说道："中央纵队就在我们身后，一旦有情况，哪怕打到只剩一兵一卒，也要守住。今晚天很黑，所有部队都疲惫不堪，又在山地宿营，通信联络比较困难，要特别警惕！"

当彭雪枫发现有一个军士哨距离排的位置过远时，便纠正道："距离太远了，如果这个军士哨遭到敌人的袭击，就很难得到排的支援。要记住，一定要根据时间、地点、敌情、我情设置警戒。"说罢，纵身上马扬鞭，直奔下一个哨所而去。

清脆的马蹄声在黑暗里逐渐远去。

夜，却已无法再恢复寂静，呼啸的朔风，翻飞的枯叶，似在哭诉。

那个血淋淋的下午

红军团长韩伟在协兴被救的事情，问我，算问对人了。我爹爹就是亲历者，他卧病在床那些年，我去照顾他，老人家经常说起这件事。

协兴以前喊九牛田，据传是因村后有九山，形似九牛，栩栩如生，因而得名，后来为什么改名协兴，就不得而知了。

民国二十三年（1934）冬天，天气异常寒冷。

十几个打散的红军自灌阳县西山方向而来，途经大坪，翻过正江岭后进入兴安地界，顺着往江头山的鹅卵石小道跌跌撞撞一路狂奔。

他们的身后，不时传来阵阵枪声。

经过江头山时，一个伤得很重的战士掉了队。

我爹爹陆承文见他下巴有个洞，正往外冒血，血糊糊地倒在麻园边，浑身动弹不得，实在可怜，就让他躲在那别动，并用稻草将他盖住，还喊我奶奶送了米汤水给他喝。谁知，他听见枪响，伸出脑袋朝外张望，被追兵看见，"啪啪"两枪打死了。过了两天，爹爹见没有人来收尸，就叫上我哥，两个人把他就地掩埋了。还有四个和他穿一样衣服的人，被打死在离村子较远的地方，村民也趁天黑把他们埋了。

红军被当地大户人家——伍家的家丁在门口堵了一下，转道朝老塘菁方向跑去。

眼看天色渐晚，追兵从老塘菁退到伍家，在对面的院子扎营，计划第二天再进山搜索。

　　第二天一大早，国民党兵就进山了，在黄泥凸架起了火炮，炮轰红军。

　　此时，在西山走散的另一路红军也正往老塘菁后山退走，在山对面远远听见枪声，便朝右侧跑，向与灌阳县交界的轿顶山方向冲出去，却在老塘菁、轿顶山一带被从灌阳县西山包抄过来的民团堵住，陷入腹背受敌的困境。

　　陷入困境的红军被打死打伤好多，又有十个红军被抓，连日押送回灌阳去了。

　　第三天，民团搜山，又被抓走四人，能逃走的没几个了。

　　那是一个血淋淋的下午。

　　协兴人刘名轩、王成江押着四名红军战士准备送往县城，在观音山遇到乡警陈传平，杀害了两个，刘、王二人将剩下的两个红军送到兴安。

　　那天，一个受伤的红军走到我家求助，我爹爹见他伤势蛮重，叫我表叔王本新背到下岔，喊我小表叔王本生用草药帮他治疗。后来又救了一个。

　　王本生把浑身是伤的红军藏在红薯窑里，经过十多天的调理，那两人基本能丢开拐杖走路了，就迫不及待要离开，说是要找自己的队伍。王本生原想再给他俩吃两副药，后来见他俩执意要走，就找来旧衣服和扁担，让他们装成挑货的。因为他们不懂路，王本生心想干脆好事做到底，于是把他们送到了界首。他们握着王本生的手千恩万谢后，往北走了。

　　这个事情，我是听爹爹讲的。他还讲，当时从正江岭一路尾追红军的桂军军官，是个姓李的连长，还有一个是姓郭的班长。

　　早年我爹爹还在的时候，他还讲过，在轿顶山有四座没有墓碑的坟茔，里面埋的都是那次战斗中牺牲的红军。我奶奶和王本生的妈妈是亲姊妹。

五几年，一个姓罗的篾匠来江头山住了几天，做了很多竹货送给村民，但从不收钱。大家觉得很奇怪，一再追问之下，他才说自己是当年在这里打过仗，被村民救助过的红军，回到这里，一是为报恩，另外还想打听一个姓韩的人的下落，他说那个人是他的团长。有村民回答说，那个人姓不姓韩不知道，但当时他伤养得差不多后就离开了。

口述人：陆远有，兴安县漠川乡协兴村委会主任。

历史回闪

都庞垂泪，灌水泣血。

一弯冷月还惨淡无光地斜挂在天际。

朔风吹过树林，山野里传来一阵飒飒的声响，似有人在呜咽，凄切悲伤的声音，让人莫名地倍感压抑。

韩伟刚做完动员，敌人就攻上来了。见师主力已经走远，韩伟便率部全速跟进。

红三十四师主力通过苗源，正准备由先公坝渡灌江，不料被在这里担任警戒任务的敌人发现。部队又被缠住了。

"跟我来！"形势危急，千钧一发，韩伟率领一〇〇团的人马杀将过来。挡住敌人后，他急促地对陈树湘说："快！另选渡河点，这里有我。"

陈树湘忙带领师主力循原路返回，在八工田渡过了灌江，沿泡江、德里翻过都庞岭向湘南而去。

红军用的木柄手榴弹，主要是仿自德国 M1924 式手榴弹，按照
生产厂家不同又分为巩造、晋造、汉造和宁造等多个式样，是
红军战士手中为数不多的"重武器"，堪称"步兵大炮"。

"顶住敌人就是胜利！"韩伟看见敌人冲上来了，一面向敌群投手榴弹一面大喊。

敌人见红军人少，疯狂地往上冲。

"报告团长，子弹打完了。"

"投手榴弹。"

"手榴弹也不多了。"

"等敌人走近了再打！"韩伟不停地喊着，这时候，他扔掉驳壳枪，抄起一颗手榴弹朝敌阵扔去。扑上来的敌人又一次被打退了，韩伟率部且战且退。

"捉活的！"

"共匪完蛋了！"

敌人像打了鸡血，吆喝着疯狂地向韩伟一行逼近。

韩伟看了看四周，乌压压，黑乎乎，人头攒动。

"同志们跟我向南撤，到兴安以后再设法追赶主力！"韩伟说完，带头沿着向南的小道狂奔。他心里明白，一〇〇团已和师部失散，自己手中的三十多人随时都会被吃掉，去湖南已绝无可能，向南，或许还有一线生机。

从西山乡下涧村翻过大江岭进入兴安县漠川乡协兴地界，队伍顺着往江头山的古道跌跌撞撞一路狂奔。

身后不时传来阵阵枪声。

经过江头山时，一个伤得很重的战士掉了队。村民陆成文见他下巴有个洞，浑身血糊糊的，实在可怜，就大着胆子让他躲在屋后弃用的破茅房里，并用稻草将他盖住。谁知，伤员听见枪声在村里响起，伸出脑袋朝外张望，这一伸就坏了事，立时被追兵开枪打死了。躲在门缝朝外看的陆成文当场被吓晕过去。

红军队伍被当地大户人家——伍家的家丁在黄泥田堵了一下，转道朝老塘菁方向跑去。

老塘菁处在另外一条自灌阳县西山通往协兴的古道上，沿着这条古道往西南方向几公里，在盛家路口与通协兴的古道交汇，往前一直走，可通兴安县城。

从灌阳县西山包抄过来的桂军刚好堵在前方，狭路相逢，韩伟等人再次陷入腹背受敌的困境。激战过后，队伍退到兴安与灌阳两县交界的轿顶山时，仅剩下十多人了！

大家片刻也不敢停歇。已被战争耗干了精力的战士，拖着沉重的双腿，虽然脱离了原来阵地，但又陷入了敌人新的包围。

韩伟咬了咬牙，命令："每人留一颗手榴弹，多余的都给我。"

战士们顺从地把手榴弹交给通信员张炳松，点完数后，张炳松大声报告："团长，一共二十三颗。"

韩伟看了看战士们，哽咽着说："大家分散突围，去找组织、找部队。"

"韩团长，你——"

"不，我们不走，要死大家死在一起！"战士们强烈要求不与团长分开。

"混账话，为什么都得死？"韩伟的嗓子冒火，眼睛里布满血丝。此刻，他异常冷静，三十四师的五千多闽西子弟，已所剩无几，如今只能走一个算一个了。他看了一眼年仅二十岁的团部司号长罗金党，又看看其他同志，眼神中有欣慰，更有心疼。"快走，这是命令！谁不听话，老子毙了他！"

战士们见团长下了死命令，听话地各自跑进密林。这时，追兵已涌到山脚下，近在咫尺。二十三颗手榴弹很快就打光了。见红军阵地上没了动静，桂军便试探着向山顶包抄过来。韩伟急了，抄起步枪，欲飞身去跟敌人拼命，不料突然发现还有三营营长侯世奎和四个战士没能突围出去，便大喊："砸掉枪支，跳崖！"喊罢，他转身向十几米远的悬崖冲去。

四颗子弹

我家有一个红布包裹，平日里总是包得严严实实，很少对外人说起。包裹是父亲王在平临终前亲手交给我的，里面是一个弹夹和四颗子弹，父亲嘱托我，有机会一定要亲手交给韩伟的后人。韩伟是当年我爹爹救过的红军，据说后来当了大官，五几年被授予中将军衔。他是湘江战役绝命后卫师——红三十四师团以上干部中唯一一位幸存者，红三十四师作为全军后卫，在完成保卫主力全部渡过湘江后，被国民党切断在湘江东岸，几乎全军覆没。

直到2016年2月29日，我才联系上韩伟的儿子韩京京，他非常激动，当即表示要来兴安见我一面。我们约定，到时候我将这四颗子弹亲手交给他。

不久，韩京京专程从北京飞到桂林，转道来到了兴安协兴。

"这四颗子弹是韩伟将军临走时交给我爹爹的，当时还有两条驳壳枪、两个公文包和一个象牙私章，"我见到韩京京后告诉他，"我出生的时候，爹爹王本生早已去世，爹爹救助红军的事，是我父亲告诉我的。"

爹爹名字叫王本生，是一名草药医生。

1934年初冬的一天，隔壁村一村民脚受伤请爹爹上门诊治，他在路上遇到了两个受伤的红军。他脱下自己的长袍给其中的一人穿上，把他们带回家。

为躲避当地保安团，爹爹将红军藏在家中的红薯窖里，并从山上采来草药为他们疗伤。因当地保安团常来搜查，两人白天只在窖内活动，到了夜里，才能趁天黑出来透透风。当时救助红军是很危险的，如果被发现不仅自己被杀头，还要连累全村人。

20多天后，红军的伤已养好，他们决定趁年关前后混出漠川，去追赶大部队。爹爹晓得不能再留他们，就把家中所剩不多的黄豆炒了一些，给他们在路上当干粮，又准备了两根扁担，帮他们扮成挑夫模样，连夜送到界首。

知道被救的人里有一个是红军团长，已经是很后面的事情。

"在当时的白色恐怖时代，协兴村的村民敢于冒着被杀头的危险救下我父亲他们，这是一件十分让人敬佩的事。"说起父亲被救的往事，韩京京满怀感激。

韩京京说："1934年，我父亲韩伟是红五军团三十四师一〇〇团团长，长征以来，所在的部队担负着全军后卫的重任。当年初冬，三十四师接到命令顶住国民党周浑元部队的追击，掩护红八军团入永安关，后又赶到灌阳新圩接替红六师第十八团阻击桂军，掩护中央纵队侧翼。12月1日，西进的军委纵队全部渡江后，三十四师接到命令：立即向湘江渡口转移并渡江。但此时三十四师西去的道路已被掐断，陷入敌人包围之中。在与师长陈树湘失散后，父亲带领余部自灌阳进入兴安县漠川乡协兴，在和灌阳西山下洞村交界的轿顶山一带继续战斗。后来在枪弹打光、战事不利的情况下，为了不被敌军俘虏，6个红军纵身跳崖，所幸中途被松树截住，父亲和另外两人幸运地保住了性命，被你的爷爷王本生救起。"

口述人：王修艳，兴安县漠川乡协兴村委会王家村村民。

历史回闪

1934 年 12 月 18 日中午。

冬日里的湘东，老天似乎有些喜怒无常，就如这天的雨，时大时小，你以为已经停歇，却又忽地落下丝丝线线，一股邪风自长沙小吴门刮过，发出阵阵哀号。雨依旧在下，落在头上、脸上，叫人分不清是雨还是泪。

中山路口，过往行人纷纷把视线投向城门口的石柱，神情惊恐。

石柱在凛冽的寒风中，愈发孤冷。

高高的石柱顶端，不知何时挂上一竹篾笼，里面装着一颗怒目圆睁的头颅。缩着肩膀瑟瑟发抖的观望者，顿感毛骨悚然。

人群不敢高声谈论，城墙根处一高一矮两人却在窃窃私语。

"人都死了，还把人家的头割下来。"

"听说是朱毛红军手下的一个师长，受了重伤才被抓住的，民团准备抬着他到上边领赏，半道上他自己拉断肠子自尽了。"

"挂哪不行，为什么偏要挂小吴门？"

"你没看今天的《大公报》长沙版吗？上面有《伪师长陈树湘之生前与死后》《陈树湘之首级解省悬挂示众》，专门报道了这事，"瘦高个说，"这里是他老家。省主席何键没有实现他全歼朱毛的计划，真是恨到骨子里了，就割下这位红军师长的首级来示众……"

瘦高个说到这里，心中顿时一震，眼睛在竹篾笼上停住，呆了好几秒钟，然后继继续续地念着："追剿司令……将伪三十四师师长陈树湘首篾笼藏贮……悬挂小吴门外中山路口石柱之上示众……并于旁张贴布告云：为布告事，据湖南保安司令部呈……俘获伪第三十四师师长陈树湘一名……自江西兴国出发，被国军击溃……经派员解至石马桥，伤重毙命……呈由衡阳本部行管饬收该匪陈树湘尸体拍照，并割取该匪首首级转解注明核办……合将该首级示众，仰军民人等一体知照……"

瘦高个说完，泪眼迷蒙地向西边的远山眺望。

就在同一时间，广西兴安县协兴村，韩伟和侯世奎的伤已养得差不多，决定趁年关前混出兴安，去追赶红军主力。王本生知道留不住他们，就把家中所剩不多的黄豆炒了，给他们在路上当干粮，又一人准备了一根扁担，准备让他们扮成挑夫模样。

韩伟没有死。

十天前，他跳崖后先是落在一棵大树的树枝上，又从高枝跌到低枝，最后落入齐人高的茅草丛。侯世奎也幸运地保住了性命。两个幸存者随后被村民王本生救起，藏在家中疗伤。

就要去追赶部队了，韩伟长吁一口气，向着老山界方向敬了个军礼。

水壶奇缘

　　2018年3月3日，藏友吴海滨发了个朋友圈，说中央电视台正在他二哥家拍片，采访对象是开国将军韩伟的儿子韩京京及其夫人。并说，韩伟在湘江战役期间任一〇〇团团长，在漠川打散后，被当地百姓救助。

　　我留下一条评论，就回老家喝喜酒去了。我老家在湘漓镇邓家村委高枧头，离兴安县城十来公里。

　　当天是本族叔父结婚。

　　回到老家，我想找支毛笔写对联，打开柜子时，十多年前收的一个水壶闯进眼帘。当年买水壶的情景立马从脑海浮现出来，卖水壶的老人说，这个水壶是当年红军过兴安时，一个司令员还是一个师长受伤，在漠川被人救了，走的时候留下的。我突然想到，这和海哥微信提到的人是不是有什么关系呢？

　　想到这里，我赶紧拍了几张水壶的照片发给吴海滨。

　　不久就收到了吴海滨的回复："我哥见过的东西比我多，我叫他看一下。"

　　很快，就接到了他的电话，说："水壶是老的，我哥想听一下你买水壶的经过。"

　　那是2004年的事了。

　　那天，我搭班车去漠川收货，在庄子下车，顺着马路边的村子一路朝榜上村走，走了几个村也没收到什么，快中午的时候，在路边遇到一个老人坐在门口。

"伯伯屋里有铜钱、老票子、老坛坛罐罐没有？"

"哪里来的老票子，新票子都没得用。"

"光洋、东豪、粮票、布票呢？只要是老的我都要。"

"穷人家，光洋什么样子的都没见过。你说老东西你都要，我家有个水壶你要不要？"

"你拿来看一下。"

"你等一下，我去找给你看。"

老人说完，挂着木棍进了屋，不一会儿，拿出一个铝制水壶来。

我接过一看，水壶底部有几个小洞，没有盖子，比现在见到的军用水壶小点，款式也不太一样。

"伯伯，你年轻的时候当过兵吗？在共产党部队还是国民党部队啊？"我问。

"我哪里当过什么兵。"老人说。

"水壶是哪个给你的？"

"是我年轻的时候在协兴王家做事带回来的。"

"协兴王家怎么会有这种水壶呢？"我继续问。

"我讲给你听嘛。那年红军过兴安打散了，有个红军司令还是师长从灌阳被他们追过来，跑到协兴那边山上，刚好王家的人在山上扯草药还是砍树，那个红军脚受了伤，跑不动了，请他救命。王家那个人把他背回去，放到屋里地窖藏起来，然后扯草药帮他治疗。那个红军在地窖眼里躲了十多天才走，走之前留下了这个水壶，还有一把枪和一个包包。听他们讲那个红军身上有个章在山上跑丢了，还叫王家的人帮他找，后来也没找到。"（与前文王修艳口述内容有出入，有待进一步考证，此处保留原口述资料。）

蓑衣、斗笠、水壶是长征途中三件宝，要是少了一件，就根本没有办法渡过难关。长途行军，饮水是一大难题。在南方，有河的地方好一点，就在河里弄水喝。可一旦长期在山区或者其他地方，有些河道迂回曲折，水流滞缓，淤积成大片沼泽，水非常浑浊，尤其是先头大部队已经过去，把水弄得很脏；有些地方的水可能还有毒，如果喝了这些水，轻者生病，重者有致命危险，如果伤口沾上毒水，就会红肿溃烂。有老红军说，下雨时，拿水壶接上雨水积存起来，接一壶可以用上几天。

"你晓得那个红军叫什么名字吗？"

"我哪晓得。只听他们讲是个大官。他讲如果不死，一定会回来报恩。"

"他回来过没有？"

"总没听讲，可能死了吧。你看这个水壶你给多少钱嘛？"

"这个水壶底烂了，又没得盖，要起来也没什么用了。"

"前两年我装豆角种，忘记盖，豆角种起虫，把底子咬坏了。上面还蛮好的，要不是我老了做不得事情了，还舍不得卖给你呢。你看你给多少钱。"

"看这个是红军留下的，我就给你买起，多少钱你自己讲吧。"

"我老人家了，也搞不到钱了，你们年轻人有本事赚到钱的，莫亏老人家得了。"

见他这么说，心想农村的老人家也确实是苦，就说："给你五十块钱打酒喝，你看可以吗？"

老人家听了，愉快地答道："可以嘛。"

收了钱，老人家客气地挽留我吃饭。我自然不会吃。我们下乡收东西，行规是买了就走，免得人家反水。

"水壶拿回来后一直放在柜子里，今天看到你的朋友圈说韩伟将军也是在协兴得救的，所以想请你哥帮向韩京京打听一下，他听他父亲说起过这位红军司令或者师长没有，他家还有后人没有，如果有，我就把这个水壶捐给他们，也算物归原主了。"

吴海滨在电话那头答："好的，我马上喊我哥打听一下。"

等了一小会儿，吴海滨说："小唐，你说的那个司令或者师长，就是韩伟将军。"

"怎么可能呢？韩伟当时只是个团长。"

"是真的，韩伟的确是在协兴被姓王的人救的，那个人叫王本生，重要的是，他在红薯窑里藏身的经历和你说的一模一样。他留下了三样东西：一把驳壳枪、一个公文包，还有一个水壶。我二哥十多年前也去协兴问过，听说枪丢了，我哥分析可能卖给土匪了，公文包让小孩做过书包，用烂以后就丢在门口的田里了。水壶早就不见了，原来是被你买走了。我二哥和韩京京通了电话，韩京京非常高兴，说要谢谢你。他说后天举行一个捐赠仪式，叫电视台和报社的都来采访你。"

我的心一下子就提了起来，又惊又喜，心想，有这么巧合的事情吗？这太像电影里的情节，太传奇了。

第二天，吴海滨陪着他二哥吴海峰来了我家，说是再核实一下情况。

接过水壶，吴海峰拿在手里仔细看了一会儿，说："韩京京和我是多年的好朋友，他早年托我去协兴找这些遗物，一样没找到，想不到你手里有一件，还愿意捐赠给他，总算是对京京有个交代，了了他的心愿。你准备一下，明天早上我来接你。"

我连说好的好的，并问他："你和韩京京是多年的好朋友，和李天佑的儿子是朋友，和林彪的女儿林小林也是朋友，你怎么认识那么多开国元勋后代。我看海哥微信，发现你和好多老革命家的后代都合过影。"

"小唐，你可能不知道，原来修兴安这个湘江战役纪念馆是我主持的，县里缺少经费，全是我跑到北京化缘，请这些老红军的后代帮忙批了一些款才修好。当时我找到张震将军的儿子张海阳，那时候他在二炮工作，一次就给批了五十万元。纪念馆前那几门退役的大炮，也是我去弄回来的。以前我也收藏过红军的东西，都捐给纪念馆了，有条红军用过的扁担，还有几把刀和别的藏品都捐了。"

我说："我还有一把在界首买到的红军刀和一封老红军的信。当年一个老红军在湘江战役时被打伤了脚，领导叫他留在当地养伤，养好

红军驻扎在塘坊边时遗留下来的环首铁匕首。通长13厘米，宽
2.5厘米。

伤以后再去找部队，后来因为残疾走不了了，就在西街头安了家，做了上门女婿。解放后，四川老家才给他写来了信。"

"你去拿来看看。"吴海滨催道。

我把刀递给吴海滨，把信递给他二哥。

他俩边喝茶边仔细看。吴海滨拿出随身携带的放大镜，在满身是锈的刀上寻找着，突然笑着说："这里好像有个周字。"

我知道他是在开玩笑，就接过话："还有恩来两个字是不是。"

我们三个人都大笑起来。

"小唐，根据信件内容，可以确定是一个兴安失散的老红军。"吴海峰边看信边说，"不过我们说了不算啊。"

我说："是啊，他到死也没有得到身份证明。开始是自己不敢讲，后来是拿不出确切的证据。这个事情一直到死都很纠结。他女婿说，因为腿脚不方便，老人苦了一辈子，年轻的时候原本有些材料、信函的，被一个知情人拿走了，说好帮忙的，后来没了踪影。再后来，遇到广西军区副司令员熊光武，说回去想想办法，最后也不了了之。你看这封信里说，他十六岁出来当红军就再也没回去过。写这封信的时候是1964年，当时他母亲好想见他一面，但是因为买不起车票，直到他母亲去世也没回去过。"

吴海峰说："要证明他红军战士的身份，在以前是很难的。国家有规定，必须两个团级以上干部签字证明才有效。所以熊副司令也没办法，更不用说一个知青了。时间也不早了，你早点休息，我明天来接你。"

第三天，在记者的见证下，举行了一个简单的捐赠仪式，我把收藏了十来年的红军水壶交给了韩京京。

韩京京夫妇握着我的手，连声道谢。

我连说不用不用，并说出了心中的困惑："卖水壶的老人说，留下水壶的是个司令员或者师长，你们怎么都说韩将军是个团长，官职好像对不上号呀？"

韩京京说："是有这回事的，以前我父亲到闽西去扩红就当过师长，也当过军分区司令员。这次我来广西，没想到能收获唐军明先生收藏的红军水壶，这个小水壶矣之不易啊，是在我父亲和胡文宣、罗金党被救助的地方留下的，至于是他们中谁用过的，已经不重要了。红军遗物能保存八十多年不容易。关键小唐是个有心人啊，我先把它带回去，我家里有老头子的塑像，我先回去向他报告一声。哈哈。然后怎么处理呢，我也有儿子了，先征求一下他的意见，反正是红军遗物，又回到了红军后代手里。这是一件非常值得庆幸的事。非常高兴。"

吴海峰接过话："这次韩京京随中央电视台拍摄《缅怀英烈忆长征》，借用我的书房，我把这个亭发到朋友圈，我小弟转发了，恰好他的藏友唐军明看见。唐军明想起了这个水壶，马上叫我小弟和我联系，托我向京京打听这个水壶的三人还有没有后代，我一听小唐说的那个红军经历，不就是韩伟团长嘛，于是马上和京京联系确认。这就有点传奇色彩了啵。少一个环节就成不了。过去八十二年了，得回来真不容易啊。"

口述人：唐军明，兴安县湘漓镇邓家村委高枧头村村民。

历史回闪

红五军团第十三师在老山界一路截击桂军的时候，它的兄弟部队红五军团第三十四师正经受着一次次生死存亡的考验。他们在湘江东岸一次次突围，又一次次陷入重围。

正在红三十四师准备再次突围的时候，桂军一个团发起了试探性的进攻。全师仅剩的三百余名指战员在陈树湘的指挥下，占据有利地形集中兵力绝地反击，打得敌军晕头转向，像乌龟似的缩了回去。这场小胜，一时鼓舞了士气，振奋了信心。但毕竟是孤军作战，他们陷于桂军的重重包围之中，兵力、粮食、弹药得不到补充，既无兄弟部队的配合，又无群众的支持。

"老陈，快带着大家撤吧。"韩伟向陈树湘提出不能坐以待毙。

"好！我也正在想着撤出的事，两人不谋而合。"陈树湘答道。

大家都同意这个意见。

陈树湘当即决定由韩伟率一〇〇团掩护，他和参谋长率师直、一〇一、一〇二团其他人突围，争取重返井冈山。

夜里，突围开始了。

由于部队鏖战了七天七夜，拖来拖去，没有吃上一顿饱饭，肚子饿，身上冷，腿上像灌了铅水似的沉重。尤其是伤病员，行走更加困难。但是为了生存，为了不当俘虏，指战员们忍受着极度的疲劳、饥饿和病痛，互相关心，互相照顾。

队伍通过猫儿园准备向长塘坪前进时，被桂军的警戒部队发现了。

攻击红三十四师的是伍铭烈、易生玉率领的灌阳民团二三百人，还有桂军团长凌压西率领的四十五师第一三四团，这两支部队一千余人凭借对地形的熟悉，从四面围上来。

桂军为强化统治，大力推行自卫、自治、自给的"三自"政策和寓兵于团、寓将于学、寓征于募的"三寓"政策，成立民团组织，训练民团队伍，县设民团司令部，区设后备联队，乡设后备大队，村设后备队。此外，还有民团干训队，根据需要设立民团常备队，为使军政一体，"县长兼民团司令，区长兼联队长，乡长兼大队长，村长兼后备队长"。民团的团丁都是土生土长，熟悉地理人情，惯用分割包围、突然袭击之伎，对远道而来的红军是个严重的威胁。

三十四师仓促应战，伤亡急剧增加，激战之后，全师仅剩下二百余人了。

在这千钧一发之际，韩伟向陈树湘表达了决心："请师首长赶快突围，一〇〇团掩护。"随即，他指挥余部顶住了扑上来的敌人。

目送陈树湘走后，韩伟便和三营长侯世奎将剩下的战士们集合起来，临时编成三个连。"同志们，陈师长带领主力走了，我们留下来打掩护，人是少了点，但是我们素来就是一支以一当十、以十当百的队伍……"

活死人坑

当年，红军是分三路从资源来到华江街的：一路从枫木，经竹子水，翻越牛塘界，过电木岭（又名绵羊寨）、土地塘、老鸦窝到达华江街；一路从枫木经过八坊、小段，翻越电木岭到达华江街；另外一路，则是从全州咸水乡洛江经过古留、小洞、文家湾、斋公坪、鸦叉田到达华江街。他们都先后经过了华江街、落林口，之后在前方几百米远的落林口村上竹山，沿着古道翻过佛子界去了车田、千家寺、塘坊边。从资源经电木岭到华江的这条路，在通公路前就是资源、兴安两地客商往来的古道，很多地方有一米多宽的石板路，有些石阶至今还保存完好。

红军是很守纪律的队伍，极少进老百姓家里，大多数时候是在河边安营扎寨，在田垌里或大柳树下生火做饭。

爹爹曾广兴在世时，和我父亲讲过，红军主力过境后，留下不少伤病员，死的死，伤的伤，惨得很！

跟来打捞的民团发现附近有几个掉队的伤病员，就抢了他们身上的银圆和枪，将他们和几个死了的红军一起埋在莲花凸的山坡脚下。六十年代，那块地要开垦成稻田，挖地的时候挖出好多人骨来。

因为莲花凸上面有祖坟，我们小时候去上坟，我掉进一个直径三米多、深三米左右的大坑里，爬了好久才爬上来。老人家讲，联合仔，算你命大，掉到活死人坑，居然还给你爬上来了。

远眺电木岭。湘江战役后，一路红军从枫木经过八坊、小段，翻越电木岭到达兴安县华江街。

见我吓得哇哇哭，他接着讲，看你以后还敢不敢乱跑，那是民团让人挖来准备埋红军的，后来嫌抬上山麻烦，就把人埋在山脚了，你看见了吗，山顶上现在还有几条深深的战壕痕迹，那是红军挖的。猪岭、李家岭、莲花凸、对门岗的工事，也都是红军修的。

在白芒浪，一个受伤的红军走不动了，在锐炜河边的几棵柳树下昏睡了几天。可能是他曾经掏过银圆向去河边挑水的村民买东西，加上有手枪，村里一个游手好闲的恶霸起了歹意，在他熬了二三十天以后，抢了他的手枪和仅有的三块银圆，把他拖到锐炜河边的水沟里准备淹死。哪晓得那个人命大，隔了一下又抬起头来，恶霸又一次下手，把他的头再次压在水里。

这些历史，我们锐炜村华江街上了年纪的人都晓得点。我从村委退下来后，一直在四处寻访，想收集一下关于红军来华江的资料，关于华江老街，关于老街上"乃文乃武"牌匾的来龙去脉，关于穿过老街的湘桂古道的历史，我觉得这些历史应该留下来，年轻人不能不知道，更不能忘记。现在知道过去的老人正一个一个老去，再不收集，以后想留也留不住了。就算现在做，也已经晚了。

口述人：蒋联合，兴安县华江瑶族乡锐炜村委华江街村村民。

历史回闪

夜色如漆。

几声斑鸠的叫声，如泣如咽地在山林中回响。

除了恐怖，带给人更多的是迷茫。

伸手不见五指的迷茫。

前面的路，看不清方向，也没人告诉你方向。有人试着分析，却越讲越糊涂。有的人就干脆不去想、不去管，上边喊去哪儿就去哪儿，这样比较简单。简单的人比较容易满足，比如现在，能有个地方躺下，让疲惫的身躯舒展开来，美美地睡上一觉，就是最大的满足。

夜色笼罩着这个叫华江的村庄。要不是村头偶尔传来哨兵的口令声，谁也不会想到这儿驻扎着红六师的首脑机关。

因为敌情突变，曹得清奉命连夜率领红六师赶到这里，接替红四师的防务。一到这里，他就给麾下三个团分派了任务：十六团南上土地塘向洛江方向警戒，十七团、十八团分别到猪岭、李家岭、莲花凸、对门岗等山头驻防。早一天到达的红四师，已在各个战略要点修筑好工事。

华江古街，系兴安县华江乡的乡公所所在地。

这里四面环山，因境内发源于牛塘界的华江河而得名，盘桓其境的湘桂古道是湘西至桂林的交通要道。此处自古就是湖南、广西商贾云集之地，十八条造型各异的石拱门分布在繁华的老街，街上商铺林立，热闹不已。盐船、米船可自桂林漓江逆流而上，经灵川、大溶江后转入六峒河。在升坪右转划入华江河通达下街的码头，是十里八乡的物流交易中心。街上有名胜古迹"武圣宫"，宫内雕龙画凤，气势恢宏，堂上悬挂着"乃文乃武""正气长存"匾额。令人称奇的是，窝在山旮旯里的华江街竟在两端各有一庙堂，一座名为广王庙，一座名为龙王庙。

从地图上看，华江是个不起眼的小地方，但交通却四通八达，由北而南，共有三条湘桂古道可达境内：一条北起枫木，经竹子水，翻越牛塘界，过电木岭、土地塘、老鸦窝到达华江；一条从枫木经过八坊、小段，翻越电木岭到达华江；另外一路，则是从全州咸水乡洛江经过古留、小洞、文家湾、斋公坪、鸦叉田到达华江。三条古道在华江交汇后南行三里，又在一个叫落林口的村庄一分为二：往南，可通广塘往兴安、大溶江、桂林；往西，上佛子界可抵车田、千家寺、塘坊边，再往前，可循湘桂古道翻越老山界到达塘洞、龙胜，通达湖南通道等地。

红军赔了 80 块银圆

以前，我们粟家两户住在斜对面的粟家屋场，中间隔着锐炜河。

这一带当年没多少房子，东一座，西一座，都离得很远，大部分是树皮茅草盖的，哪像现在，家家户户起高楼。

红军来的时候，首先选定在落林口宿营，因为人多住不下，分了二十几个住到我们家里。我们家的房子大，过河的红军大部分住在我家，隔壁只住了三五个人。红军住在我家还有个原因——在大部队来之前，已经有人来做过调查，看哪家是穷人哪家是有钱人。他们看我家房子建得气派，就把我们家定为富豪，于是派人住进去，守着我父亲，准备第二天早上打土豪，要他把钱交出来呢。他们晓不得，我父亲虽然人称"八大王"，其实不过是个打鱼为生的，靠省吃俭用才攒了点钱，但是在建房的时候，已经花光所有积蓄，哪里算得上什么富豪。

那天下午，管事的红军连长问我妈妈："你家有没有粮食？"

我妈妈说："有啊。"

连长说："有的话，先给我们磨六担谷子送到落林口。"

第二天晚上，我妈送米去河对岸。

六担谷子还没送完，家里失了火。

对岸的人见这边起火，热闹起来。

"白崇禧派人来偷袭了！"

有人扯起嗓门大喊：

"特务来烧房子了!"

"快开枪!"

"啪啪啪!"

真的朝粟家屋场开起火来。

过了老半天,听见有人在喊:"别开枪啊,是烤火的伢子失火了!"人们这才停止射击。

我妈妈一看吓坏了,边哭边朝对岸跑,我们几个小孩还被锁在屋里呢。

火借风势,越烧越猛,想救火已经来不及,两座房子很快就烧光了。要不是妈妈跑得快,把我们放出来,我们几个肯定被烧成了"烤猪"。

我妈妈找到连长问:"你们的人烤火,把我家房子烧了,你看怎么办?"

连长讲:"凤英表嫂你莫急,如果真是我们的人烤火烧了房子,我们要赔钱的。"

红军倒是讲话算数,真赔了80个银圆,妈妈分了一些给隔壁,我们家拿着那点钱,在落林口找了块地,搭了个茅棚住下来。

红军离开后第二天,来了一架国民党的飞机在空中盘旋,妈妈见大势不妙,赶紧喊我们几个小孩躲进茅棚里。飞机在村子上空绕了一圈,丢了一个炮弹在驼子槽,就走了。

失火那天,我父亲倒是蛮灵水(华江方言,意思是机灵),一看情况不妙,趁乱从山脚的小路开溜了。其实他哪里有什么钱哦,真没有,他死了以后,家里人发现,他拢共只有五六十块花边。

过了好些年我才晓得,我父亲帮红军从平岭挑东西去塘洞,死在老山界上了。

1951年,村里来了一个江西口音的流浪汉,在这里做点小买卖,

湘江战役后，中央红军红三军团、军委纵队、红五军团一部先后路过一个叫锐炜的山村，粟家有（右）、蒋联合（中）、向作能（左）三人的父辈都是和红军有过交集的，三人经常聚在一起回忆父辈讲的往事。

打点散工艰难度日，得了点钱以后，就在村里住了下来。谁都不晓得他的名字，只知道他是江西人。不管哪个问他，他都回答你们喊我秦老伙就是。和村里人逐渐熟了，秦老伙才说自己是个流落红军，离家太远，走不回去了。那两年，秦老伙从外面倒腾点烂布条进山，转手卖给山里人打草鞋，赚点小钱。他人勤快，附近的人家里有事，都喜欢喊他帮忙，他也好说，管口饭就行。1953年的某个早晨，秦老伙倒在村口华江河的岸边，被发现的时候，已经没气，村里人把他就地埋了。

口述人：粟家有，兴安县华江瑶族乡锐炜村委落林口村村民。

历史回闪

下午四时，兴安锐炜。

奉命前出锐炜的左翼红三军团第四师，将洛江防务移交给第五师，快马加鞭从洛江经古留，翻越大凹，过文家湾、斋公坪、鸦叉田到达锐炜村华江街。从电木岭到华江街的这条小路，自古就是全州、兴安两地客商往来的古道，很多地方铺着一米多宽的石板。因为一路没有遇到任何阻碍，四师很快就到了目的地。

前卫部队十一团刚到不久，师直及主力部队也随后下山了。

一到锐炜，师长张宗逊立即召集连以上干部开会，部署以团为单位占领莲花凸、野猪岭、李家岭、狮子山等山头，朝司门前、深渡方向警戒，防止在兴安的桂军从这个地域穿插到西延，从红军背后实施偷袭。布置好防务后，张宗逊对师政治部主任张爱萍说："老张，据侦察科的同志说，这个地方的老乡大部分是瑶民，你来宣布一下纪律吧。"

张爱萍清了清嗓门，说："11 月 29 日，大家已经学习过总政治部颁发的《关于瑶苗民族工作中的原则指示》，对吧？"

大家异口同声回答说："是！"

张爱萍又说："别的我就不多说了，我们是穷苦人的队伍，都知道瑶民、苗民是散布在广西、湖南、贵州、云南等省的弱小民族，总的人口不下千万。他们历来就受汉族军阀、官僚、地主、商人的残酷剥削和压迫，这促成了他们对汉族的民族仇恨与他们内部的团结。"

见大家都极认真地在听，张爱萍接着说："我们共产党对瑶、苗民最主要的主张，就是民族平等、民族自决、解放弱小的民族！所以呢，现在我们进入山区，进入瑶、苗民族的地方，就要和他们搞好关系，不仅要让他们消除对我们的害怕心理，还要得到他们的帮助。"

散会后，部队即在河边安营扎寨休息，在田垌里或大柳树下生火做饭。

因为人多，也为了分散警戒，一部分红军来到离华江街最近的村屯落林口扎营，落林口很快也住满了人。

落林口的斜对面住着两户粟姓人家，其中一户人称"八大王"的，房屋建得很气派，经理机关派出的征发没收队十几人跨过锐炜河，一早就住进了他家。入住之前，政治部已经对这座大房子的主人"八大王"粟传秀做过调查，准备第二天天亮就打这户土豪。

红军部队在团部设有没收征发委员会，在同级政治机关的指导下开展对土豪财产的没收分配工作。所有没收的财物，均由征发没收委员会造册登记，分发给部队和沿途贫苦群众，保证部队作战行军需要，赈济群众，扩大红军的政治影响。

征发没收队队长问"八大王"的媳妇许凤英："你家有没有粮食？"

许凤英说："有啊。"

队长说:"有的话先给我磨六担谷子,送到落林口。"

当晚,她和她男人便点着松油灯开始忙活着舂米,到第二天太阳落山前,终于把米舂好了,于是俩人趁天没黑透开始送米。送到第三趟时,粟家方向起火了!住在落林口的红军战士见对岸燃起大火,以为是国民党的人打过来了,说时迟那时快,"啪啪啪!哒哒哒!"向着粟家方向就是一通猛烈射击。

听见枪声,躲在巨石后边的征发队队员赶紧喊话:"别开枪啊,是烤火的伢子失火了!"

一开始他们本想要救火,但找不到装水的工具,只找到两个漏水的木桶和一个竹筒做的水瓢,去河边担了两担水,但杯水车薪、于事无补,无奈大火来势汹汹,只得作罢。

许凤英听见有人喊"对岸起火了",忙从人群中挤到河边,仔细一看,是自家房屋烧起来了,这还了得!当时就瘫倒在地,呼天抢地大哭起来:"我的天啊,这是造的什么孽!"

她好像突然想起什么,翻身爬起就往家跑,一边跑一边喊:"这可怎么得了啊,我屋里还有几个崽啊!我出来的时候把几个崽锁在屋里了呢。这下怎么办啊!家有唉,我的崽啊!"

原来,自昨天那些当兵的住进她家后,她怕小孩惹事,就把他们都锁在里屋了,还交代他们,不管外面发生什么事,都老老实实待着,不准吵闹,不准出声。大概是救孩子的欲望激发了她的本能,她奔跑的速度非常快,把她那个木讷的男人远远甩在身后。得亏她跑得快,及时把几个还没成年的孩子救出了火海。

火借风势,加上正是天干物燥的月份,火苗子四处乱窜,粟家两座杆栏式结构的木屋瞬间就被吞没在熊熊大火之中。眼看房子转瞬就化为灰烬,许凤英悲痛欲绝,一见到李连长,就跪在他面前哭诉:"你那些人烤火把我家房子烧了,让我们一家老少怎么活啊?"

李连长说:"表嫂你莫急,我来找你,就是要解决这个问题。"

许凤英原本还是有些怕这些当兵的，现在房子没了，生活没了着落，反而胆子大了起来，说："你要给我做主啊！"

"表嫂，烧了你家房子，我们要赔钱的，"李连长说，"隔壁那座房子也是你家的吗？"

许凤英说："不是，那座是我男人叔伯的。"

李连长说："这样，两座房子，加上六担大米，一起赔你们八十个大洋。"

"那倒不用那么多，你帮我们把房子修好就行。"许凤英原本就害怕得不行，从来没想过自己敢向当官的讨说法，现在人家主动说要赔钱，而且说给那么多，她心里更加害怕起来，浑身颤抖，上下牙齿一直在打架。

"表嫂，我们还要行军打仗，没有时间帮你修房子的。"李连长说完，把一袋大洋塞到粟家媳妇手里，又说："这个你收下，分一些给你男人的叔伯家。烧了你们的房子，对不住你们了。"

许凤英浑身抖得厉害，那袋钱在她手里犹如千斤重，压得她脚下发软，差点就要瘫坐在地。她微张着嘴，却说不出话，只在喉咙里发出一阵嘶哑的声音，谁也不知道她在说什么。

河对面，火焰渐渐熄灭，只间或发出"哔哔叭叭"的声音，那是杉木和竹子在燃烧时发出的特有的爆裂声。

养了两个红军

抢渡湘江后，一支红军队伍从西延山区翻越枫木坳进入华江，邓儒英母亲杀了一头过年猪给红军。红军走后，邓家收养了两名失散红军。

我是土生土长的锐炜人，民国十六年（1927）八月十五日出生。

红军过锐炜的事，前后就几天时间，所以我晓得的不多。他们有多少人，从哪儿来，到哪儿去，我都不晓得，只晓得我家当年养了两个。

那是民国二十三年（1934），听说红军要来，村里的人怕得要命，全都躲进山里去了，吃的用的，值点钱的，能带的基本都带走了。其实，那时候的老百姓个个穷得叮当响，自己都吃不饱穿不暖，哪有什么值钱的东西？几天以后，等红军离开了才回家。我们家的人除我妈妈外，也都躲出去了，直到有消息说红军走远了，大家才回家。

父亲回家第一件事，就是屋前屋后屋里屋外四处查看，开始感觉没少什么，仔细想想，又似乎有点不对劲儿。哪里不对劲儿呢，说不上来，他来来回回又检查了一遍，这才发现少了一头猪，这还了得，便问我母亲："老曾，我们的过年猪呢？"

那头猪，是准备养到年底杀了过年的。

母亲答："红军进村的时候，让他们杀了，吃了。"

父亲说："你还真舍得啊。"

母亲说："你是没看见，那些人可怜啊，个个饿得面黄肌瘦，走路都走不稳了。"

"这年，是没法过了。"父亲小声嘀咕了一句，便不再说话。他是个有些怕事的人，就知道埋头苦干。

几天后，家门口来了两个陌生人。

"老人家，给口饭吃吧。"他们说。

母亲见二人虽然人手一根竹杖，还是颤颤巍巍，随时都要栽倒的模样，实在可怜，赶紧进屋舀饭。别看我母亲曾广珍出生在乡下，但也算是大户人家出身，自小读书识字，对穷苦人素来有怜悯心，最是看不得有人受苦受难。

屋外天寒地冻，冷得他们浑身发抖，母亲便把二人让进屋内烤火。这才看清，他们的灰色军装已经破烂不堪，浑身上下找不到一处完整的布，下身的二节裤也稀巴烂，膝盖以下全露在外面，长途跋涉加上寒气逼人，双脚肿得像个馒头。

他们讲一口湖南话，也可能是江西话，一看就不是本地人。经过聊天，才晓得是走散的红军战士，他们说队伍被打散了，大部队已经走远。母亲决定把他们留下休养，等于把他们养起来。他们一个叫杨孝山，一个叫张德明。我们养着张德明，杨孝山住在我伯父家，由他们家养。

不知道他们多大年纪。在那个特殊时期，问了他们可能也不会讲，反正是已经到了当兵的年纪。他们是逃出来的，身上没带枪。

张德明在我家住了两三年，后来在村里找到人结婚，才搬去女方家。他老人家早已去世，女婿向作能还在，就住在离我家几里的锐炜老街。

口述人：邓儒英，兴安县华江瑶族乡锐炜村村民。

历史回闪

为保证军委纵队安全翻越老山界，红五军团第十三师第三十九团将竹子水防务交给红八军团，当即由红八军团派一部向西延方向警戒，掩护五军团通过，其主力则先到锐炜，占领第二道掩护阵地。

红五军团到锐炜后，已近拂晓，稍事停歇后又匆匆赶往千家寺接防。

此时，左翼红三军团第五师十五团还留在千家寺执行警戒任务，其主力已于凌晨四时离开驻地，经洞上，翻越越城岭余脉之大风坳，沿着老山界西麓的湘桂古道进入金石乡，经佑安村朝中洞而去。

右翼红一军团与红九军团一道，沿着湘桂边界，从老山界北麓的羊肠小道前往浔源乡社水村一带。

桂军第四十五师朝锐炜方向尾追而来。

桂军第四十四师在十五军副军长夏威亲自率领下，由民团带路从司门前沿六峒河向千家寺杀气腾腾地扑来。

战事一触即发！

而此时，军委第一纵队虽大部分已翻过老山界隘口的杀人坳，进入塘洞地域，第二纵队却还在塘坊边、龙塘江、雷公岩一线，沿军委第一纵队所走路线缓慢前进。

一旦两股桂军突破自己的防线，即可直逼中央纵队，后果不堪设想！

面对强敌，红五军团倍感压力！

董振堂命人找来陈伯钧，首先把当前军情做了简要通报，神情严肃地说："少达同志，自进入湘桂边界以来，我军到了紧要关头，每到大战都需我五军团上下一心与敌军鏖战。我军虽兵员锐减，但士气不能减，尤其此刻，关系中国革命的命运，希望你们下最大决心，赶快布置防务，确保军委纵队安全！"

陈伯钧"啪"的一声，向董振堂敬了个军礼，朗声说道："请军团长放心，我陈伯钧'铁屁股'的名号不是白得的，十三师保证完成任务，保证不给五军团这个'红军铁后卫'丢脸！"

采访视频观看入口

迟来的证明

红军来的时候，我才四岁多，可能因为是伙铺（桂北方言，意思是客栈），那天夜里，有一支红军就住我们家。

红军蛮守纪律的，在我们堂屋（桂北方言，意思是中堂）铺满稻草，十多个讲江西话的人打起连连铺睡觉，没有人去其他房间。他们都好喜欢我，个个抢着抱，嘻嘻哈哈地把我抛来抛去，争着逗我玩。"小向，笑一个，给叔叔笑一个。"

第二天上路前，有个人把我父亲拉到菜园边，小声地说："老表，我们没有钱了，给你两斤子弹去换点钱。"

他说着，把我交到父亲手里，从背包取出一袋子弹。

"使不得！使不得！怎么敢要这个啊！"父亲看他当真拿出子弹来，忙推脱不要。

"不要怕，你莫给小孩玩，莫用东西砸它，莫放到火里烧，就没事。"他说。

"我不是这个意思，是说不能要你们的东西。"父亲说。

当地人狩猎用的是鸟铳，用硝药和钢珠的。他给的是步枪子弹，用不着，也没办法卖啊，放了些时间，被我们这些小孩子东一个西一个要完了。

我岳父是一个失散红军。

他之前从不说起，所以我晓不得他居然还当过红军，只晓得是讨

133

饭流落到这里的。直到1981年，我在千祥街上摆摊，做点小买卖，同仁的老红军刘华连问我是哪里的人，我就告诉他我是锐炜的，家里都有谁。当刘华连听到"张德明"三个字时，眼睛一亮，问我："是不是江西来的张德明？"

我讲："是啊，就是江西人。"

刘华连激动起来，大声问："哦！张德明，他是和我一起从江西来的！"

这样，经过刘华连证明，才确定了我岳父失散红军的身份，政府给他每个月发三十块钱的工资，可惜只领了一年，1982年老人家就去世了。老人去世后，政府多发了一年的钱作为抚恤金。尽管这是一份迟来的证明，但是我们一家还是很感激刘华连，要不是他，岳父可能死不瞑目。

刘华连那时候经常上电视上报纸，很有名，要是没有他帮忙证明，就没有人相信我岳父是失散红军了。

横穿落林口的小路是条湘桂古道，后来村后修了公路，走的人才逐渐少了。当年挖公路的时候，在李家岭口一带挖出好多骨头。我跟着岳父去做工，填土方的时候看见好多骨头，曾好奇地问岳父："哪来这么多骨头？"

岳父长叹一口气，说："哎呀！这些都是红军的骨头。"

口述人：向作能，兴安县华江瑶族乡锐炜村委落林口村村民。

历史回闪

华江还在沉睡中。

红四师、红六师的换防工作已于拂晓前悄然完成。

两列队伍来到华江街，在街道两边商铺的屋檐下打开背包，或躺或卧，就地休息。师直机关则驻扎在武圣宫。门前一棵百年桂花树上，挂着写有六师代号"汀州"的马灯，在山风的吹拂下摇曳。

连日征战，年轻的战士早已疲惫不堪，加上一夜急行军，更是困顿不已，刚躺下就打起呼噜来。

睡梦中有人睁开疲惫的双眼，见那盏特殊的马灯还亮着，又合上眼，安心地睡去。

整个华江街，唯有向家伙铺还亮着一盏昏暗的松油灯。

店主人的幼儿向作能太兴奋了，白天被住在他家的红军抱来抱去，让这个四岁的娃娃兴奋过度，夜里几次从睡梦里惊醒，大人也就跟着惊醒，干脆大家都别睡了，早早起来为小孩弄吃的。

六师还没找到住处的人看见有家伙铺，很自然地就住了进来。

向家堂屋铺着的稻草还是温热的，十几个操江西方言的战士美美地躺成一排。向作能听见哄闹声，又兴奋起来。好久没亲近小孩的红军战士们个个抢着逗他。

老向头已经不像昨天那样惧怕。两个小时前，上一批红军刚走，尽管他一再推辞不收红军的钱，离开的时候，带队的那个被叫作李排长的人，还是硬塞了五个银毫子到他手里。

"昨天那些红军，真是好人啊，"老向头感慨地对王排长说，"他们就睡在我堂屋，连火屋都没进，讲规矩得很。"

"老表，我们和昨天那些同志是一起的，我们没有钱了，给你两斤子弹去换点钱。"王排长说着，把向作能递到老向头手里，然后从背包里取出一袋子弹。

"使不得！使不得！怎么敢要这个啊！"老向头看王排长当真拿出子弹来，忙推脱不要。

"不要怕，你莫给小孩玩，莫用东西砸它，莫放到火里烧，就没事。"王排长说。

"我不是这个意思，是说不能要你们的东西，"老向头一边说，一边往里屋走，"我去给你们烧点热茶。"

就在两人说话间，堂屋响起了阵阵如雷般的鼾声。

埋伏

老山界被瑶民喊作鬼门关，是中央红军长征中翻越的第一座大山。同仁村就坐落在老山界山脚，是进入老山界地域的最后一个村庄，越城岭山脉环绕四周，将村子围住，造就了一个冬暖夏凉的风水宝地。这里是漓江的源头，发源于越城岭主峰猫儿山的六峒河清澈见底，从山谷缓缓流淌出来，流向山外，流向桂林。顺着六峒河，一条明清就有记载的湘桂古道逆向而行，顺古道爬向山顶，翻过一个叫杀人坳的山脊，下山二十里就到了资源县塘洞地界，再往前，过了龙胜，可以直达贵州。

1934年12月，中央红军第一、第二纵队，红五军团、红八军团主力先后经过同仁的塘坊边、过江铺进入龙塘江地界，经大竹坪、雷公岩、百步陡翻越老山界。根据历史资料记载，红五军团十三师三十七团再次奉命配合中央军委保卫团一起，作为全军后卫，阻截随后追来的桂军。他们在龙塘江隘口、雷公岩、老山界几个重要的地方，与国民党追兵发生过激烈的战斗。直到主力全部翻越老山界，到达塘洞一线后，这些红军后卫部队才撤出战斗，追赶主力。

湘江战役后，失散红军刘华连、余才凤等人就落户在我们这里。

小时候，我三哥征友带我在一个叫秋虫壕的地方捡到几个笔马铜（兴安方言，意思是子弹壳），之后我在过江铺、龙塘江一带放牛，特别留意地上，也经常捡到，村里的老人说那是红军和国民党打仗留

2017年10月27日，在张征生（右一）带领下，一支考察队来到龙塘江隘口。中央红军翻越老山界时，这里是红军后卫打埋伏的地方，彼时，三十七团和中央军委保卫团一起，奉命作为全军后卫阻截随后追到的桂军。考察队由同仁村委会部分班子成员组成。

下的。

作为同仁村民委员会主任，前几年，我主持了对塘坊边衡州会馆的修缮工作，村里曾经想把红军经过同仁的历史故事收集起来，将红色遗迹挖掘整理一下。作为县人大代表，我还给县人大提议，把同仁的衡州会馆和小红军墓、红军长征故道、红军桥修缮保护起来，打造成为一处红色旅游示范基地。老支书老颜对这个事特别上心，有一天兴奋地对我说："张主任，我了解到了，红军进雷公岩前在龙塘江隘口和国民党打过一仗！而且还留有非常明显的痕迹。"

我赶紧开车带上他出发，去核实这个情况。根据群众提供的信息，我们来到龙塘江村口的刀板树（华江方言，意思是竹柏树）壕。

龙塘江村口有一片树龄上百年的刀板树，数十米高的树下是一片毛竹林，林下齐人高的灌木和茅草丛生，人躲在林子里，很难被发现。老颜指着一块长形巨石上的两个凹槽说："你看，这是当年红军架机枪的地方。这两个凹槽是专门凿出来安放机枪支架脚的，免得开枪的时候机枪乱摆。"

顺着老颜手指的方向看去，只见那块长约两米的石头紧靠一棵硕大的刀板树兜，枪口的方向，正对着从过江铺进来的山路。潜伏在这里，视野开阔，前面一个叫毛手的地方刚好是弯道，从山外进来的人看不到这里的情况，而潜伏者对山口的情况却一目了然，如有人想进山，刚转过毛手那道弯，就闯进机枪射程内！

我说："红军真懂选地方打伏击啊。"

老颜说："他们从江西出发后，一路走一路打，已经突破了国民党军的几次围堵，一直打到广西，要是没两下，早就被打败了。"

我说："你想象一下，一挺机枪架在坚硬的花岗岩石上，黝黑的枪口像一只犀利的独眼，死死盯着从过江铺蜿蜒进山的羊肠小道，追兵从前方拐弯处刚一冒头，一排仇恨的子弹从枪管喷射而出，瞬间，弹壳撒满一地。"

望着远处的喇叭界方向，想着缺衣少食的中央纵队当年翻山越岭，冒着严寒在荒无人烟遍地荆棘的山野里行军，是何等艰难。

老颜没有理我，独自在大石头底下翻找，老半天以后才直起身来，不无遗憾地说："怪了，村里的老人家讲以前这里有蛮多子弹壳的啊。"

我说："过去七八十年了，这个地方路过了多少人，这地上又掩盖了多少泥土了哦。"

老颜说："不行，等有时间一定要再来仔细找一下。"

我说："我小时候还真在这附近捡到过子弹壳，在过江铺进来几百米远的魂断也捡到过，以前我父亲讲，魂断那里也打过仗，红军走后，周围的竹子上面留下好多弹痕。"

从龙塘江回来的路上，我和老颜顺道去了我们过江铺村的后龙山，那里有一道保存完好的红军工事。

据村里老人讲，这是红军长征路过过江铺（自塘坊边出发，翻越老山界进入龙潭江前，由此横渡六峒河）留下的，阻击工事长200余米，由泥巴和山石堆砌而成，平均高度为60—80厘米。匍匐在工事向下瞭望，山下视野开阔，渡口旧址、六峒河、田畴、山路尽收眼底。据越战老兵滕寅高分析，这个应该是过江铺渡口第二道防线，大概布防一个连兵力。他说，因为湘江战役中兵员折损厉害，也有可能是个不成建制的连队。这里距离千家寺突围战的阵地不足4公里，据史料记载，红军后卫部队从千家寺突围出来的第二天，追击的李军部队就追到这儿了。

口述人：张征生，兴安县华江瑶族乡同仁村委会主任。

历史回闪

龙塘江村口，有片树龄上百年的竹柏林，数十米高的树下，毛竹林和芭蕉林混杂生长，林下齐人高的灌木和茅草丛生，因为水分充足，各种植物郁郁葱葱，遮天蔽日。

一挺机枪架在坚硬的花岗岩石上，黝黑的枪口像只犀利的独眼，死死盯着从过江铺蜿蜒进山的羊肠小道。

"埋伏在这里，视野开阔，前面那个叫毛手的地方刚好是弯道，从山外进来的人看不到这里的情况，顺着山路转过那道弯，刚好进入射程内！"宋任穷手中拿着一根竹棍，指着前面的隘口说。

三营长点头称道："政委，你和陈赓团长决定把第二个阻击点选在这儿，很有点一夫当关的味道。"

"打阻击，也是我们干部团非常重要的训练科目。等下你好好和大家讲解一下，这个点位和前面弯谷的第一个点位有什么区别，各有什么特点，为什么要选择在这儿。"宋任穷说。

"报告政委，有个人从山里跑出来了！"一个战士匆匆来报。

"把他拦下来。"宋任穷说。

正埋头狂奔的老梅仔被冷不丁从芭蕉林跳出来的战士吓了一跳。

"这不是塘坊边的小先生老梅仔嘛，你怎么就回来了？"三营长问。

"下午领着红军经过江铺、龙塘江走到五岭背，先到一步的红军讲找了五岭背的瑶人带路，我就返回来了。"老梅仔气喘吁吁地说。

"你跟我过去一下，我们政委找你。"三营长说。

三人来到最大的一棵竹柏树下，老梅仔的目光一下就被架在石头上的机关枪吸引住了，他从来没见过这玩意儿，好奇地伸手想摸一下，立刻被机枪射手喝住了："别动！"

老梅仔冲机枪射手做了个鬼脸，说："别动就别动，这么凶干什么?"

"老梅仔，你们进山的路上顺利吗?"宋任穷问。

"顺利是顺利，就是太慢，还没走到雷公岩，天就快黑了。"老梅仔答。

"来了架飞机，往峡谷丢了炸弹你知不知道? 有没有人受伤?"

"飞机我是看见了。"

"炸弹呢?"

"啊? 是炸弹啊，我以为是山里动干雷呢。比动雷还响。山里经常动干雷，我爸讲一动干雷，就有可能发山洪了，山洪来势汹汹，吓死人。"

"你没看见飞机丢炸弹吗?"

"那时候我已经往回走蛮远了。"

"哦，但愿没有人员伤亡才好。"

"飞机为什么要丢炸弹炸你们?"

"这个，一下和你讲不清。天色不早了，你先回去，可能我们后续部队到塘坊边了，你好好问一下他们。"

"要得。"

"对了，你想不想当兵啊? 跟着我们去打土豪、分田地怎么样?"

"不行不行! 我家门（桂北方言，指同一姓氏的人）已经问过我了，我还是回塘坊边卖东西好要。"老梅仔掉头朝山外走去。

"你们的人真好，我出来的时候，给了我两块银圆!"老梅仔用手压着右边口袋，跳上路边一块大石，冲竹柏树下俏皮地喊道。

刀，养父

刘景秀的养父将中革军委的人马送到雷公岩，红军送了一把环首刀给他，他悄悄将刀藏在瓦背下。

红军过老山界，是民国二十三年（1934）十二月初。

四日中午开始，陆陆续续有陌生人到塘坊边扎下了。队伍从喇叭界开过来，像羊拉屎一样，稀稀拉拉拉得天老爷长（桂北方言，意思是非常长）。肩挑背扛，热热闹闹，都是红头兵（当地人对红军的称呼），有的扛枪，有的背刀，有的拿棍棒，大部分赤手空拳的。河边、田垌、竹林、老百姓家里，都住满了人，特别是廖余德家，他家房子宽，人住得最多。廖余德头天被千家寺上来的红军绑走，绑到金石乡去了，后来说是枪毙了。廖余德是这一带的大户，有点家底，后人现在还在，就是卖豆腐的老廖，那个瘦瘦精精的老头。他年轻的时候，整天捧本书坐在门口，写得一手毛笔字，一看就是读过书的人。那个年代，有钱人才读得起书。老廖好像一辈子没结过婚。成分不好，没人敢嫁吧。

千家寺打了一仗大的，死伤不少人。

和千家寺隔河相望，有个东村，房子烧了一大片。

那时候，我老杆子（桂北方言，对父亲的称呼）刘金和住在塘坊边，和衡州会馆间隔了王玉生家、龚成文家的三座房子。王家、龚家都是开伙铺的，生怕红军抢，开始的时候吓得门都不敢开，没想到人家好得很，买东西都给你钱，一文不少，两三天下来，把他们家吃的用的稀里哗啦买光了。

红军一来，就在衡州会馆的墙上刷上标语"红军绝对保护瑶民"。这几个字前些年还在，还有人在那里拍过电影。

衡州会馆两侧，住家大多是湖南迁来的外来户，姓王的、姓刘的、姓廖的、姓龚的，都是白手起家的贫苦人。大概是清朝末年，刘家几兄弟从湖南来到广西，靠造纸养家糊口。

华江因为竹木资源丰富，一直是造纸的好地方。塘坊边旁边的栏杆坪，清朝官府曾经开办了一家造纸厂，喊作兴安造纸公司，厂里做事的基本都是湖南人。可惜因为交通不便，加上纸张的质量比不过外国货，最后关门大吉了。据说这是广西最早的造纸工厂。

红军准备翻老山界，要在当地找几个向导。我老杆子因为经常进山砍料麻竹，还经常翻老山界去两水塘洞，对山里的地形十分熟悉，人又老实，就被选中了。

他讲，那天，一个年轻的小红军把他带到衡州会馆，让他在门口等着。他听见屋里有人问："人可靠吗？"之前那个人答："查过了，家里是贫农，祖上从湖南衡阳来广西造纸的，绝对可靠，昨天已经带了一趟到雷公岩。"吃了早饭，队伍就出发了。

虽然名字喊景秀，但是我这辈子造孽（兴安方言，意思是可怜）得很，吃的苦三天三夜讲不完，尤其小时候，命简直比黄连还苦，长大成人也没好到哪里，结婚以后生了八个儿女，可怜倒数第二的女儿夭折了，其他的都抚养成人了，直到他们全都成家立业，才勉强好过一点。农村人总讲多子多福，唉，我看就是讨得个累。好在我男人张育松有一身好力气，一年四季起早摸黑地做事，帮人家做点手面活儿（桂北方言，意思是手工活儿）补贴家用，一家老少才没挨饿过。有人讲他泥水工、篾工、木工、犁田、种田样样能干，是个多面手，人家哪晓得，我们这是被逼出来的啊。人家哪里晓得，我这辈子哭过多少。

我亲生老杆子二婚，后娘不喜欢我，把我过继给塘坊边的刘金和了，那时候我才一岁多点。其实，刘金和本人也不是刘家骨血，是从高寨梁家过继到刘家的。

红军来时，我才两岁多，什么也不懂。

十一岁那年，养母去世，我只好回到亲生父亲刘银和身边，哪晓得没过上几年，等我二十岁结婚以后，又逼着我两口子搬回塘坊边住。因为多年没人住，房子破破烂烂，雨天漏水，晴天漏风，在拣瓦的时候，我们在桁条下发现了一把刀。这把刀我小时候见过，养父讲是他送红军去雷公岩的时候，红军送的。他经常拿来切纸，说很好用。我

1927年南昌起义以来，红军转战南北，尽管缴获许多武器，但是有一款冷兵器红军一直大量装备——就是大刀，除了它简单而且廉价，还有个重要原因是，红军的武器多数依靠战场缴获，来源不稳定且数量严重不足，不得不大量使用大刀、梭镖等原始冷兵器作为补充。

一直觉得奇怪，养父虽然很喜欢这把刀，但从来不拿进屋，用完总插到屋外的门槛上，或者随手丢在柴堆里。后来他才说，刀见过血，拿进屋不吉利，放在屋外辟邪。从那时候开始，我再也不敢碰它了，夜里一个人走近都怕，必须从旁边路过时，就加快脚步，小跑着过去。

五十年代，我们把房子从塘坊边搬到过江铺，这把刀也带过来了。

因为养父去世早，他讲的很多红军的事，我都忘记了。人老了，记性差，丢三落四的，刀却舍不得丢。

口述人：刘景秀，兴安县华江瑶族乡同仁村委过江铺村村民。

历史回闪

老梅仔是个天不怕地不怕的主，很快就和红军混熟了，帮红军找吃的用的，来来回回忙得不亦乐乎，还主动把门板借给他们当床铺用。

下午，他被人接到叶剑英跟前。

炉火通红，锅里熬着粥，叶剑英从炉下抽出干柴，让火变小。

张云逸说："总参谋长，小鬼带到了。"

叶剑英看了张云逸一眼，欲言又止。

坐在火塘边打盹儿的政治部主任王首道迷迷糊糊地睁开眼睛，上下打量着这个机灵的少年。

张云逸说："别看他年纪小，可是个机灵鬼啊。"

叶剑英这才放下手中的干柴，问老梅仔："你叫什么名字？"

老梅仔朝张云逸努努嘴，说："已经告诉你了啊，老梅仔。"

张云逸笑着说："哦，对，对，老梅仔，大号张育林。"

叶剑英又问："老梅仔，你家是塘坊边的吗？家里有几兄弟？"

老梅仔用手指着远处的山坡，答道："我是老厂（地名）的，家里四兄弟，我是长子，老二喊育秀，老三喊育松，老四喊育泽。"

叶剑英问："你知道雷公岩怎么走吗？"

老梅仔反问道："你们去那座大山里做什么？"

"不做什么，是要从那里翻到一个喊塘洞的地方去。"

"塘洞我知道，我们村好多媳妇都是两水塘洞嫁过来的，但没去过。不过雷公岩我倒是去过两回，那里面一到冬天就好多香菇。对了，你们到了山里可以找下，捡来煮汤喝。"

"好啊，要不这样吧，你这个娃懂事，我请你帮带路到雷公岩要不要得？"

"太远，等我送你们到雷公岩再返回来，天肯定黑完，万一给狗熊吃了难搞，我看还是算了吧！打死我也不敢在深山老林里一个人走夜路。"

"那你带我们走一段，到时你想回来就回来，完了你告诉我们接下来怎么走就行。"

"我得问下东家。"

"他已经答应了，你放心，还有两个大人一起带路。"

叶剑英闻言，哈哈一笑："听说你们把人家的米、豆腐、盐买光了，人家能不答应嘛。"

这时，一个年轻的战士跑进来，在张云逸耳边说了几句，然后退到门口候着。张云逸走近叶剑英说："他们又找到一位愿意带路的老乡，就是衡州会馆往北数第三家的，名叫刘金和，经常翻老山界去两水塘洞。"

叶剑英问："人可靠吗？"

张云逸答："查过了，家里是贫农，祖上从湖南衡阳来广西造纸的，绝对可靠，测绘科赖光勋说昨天就是他给带到雷公岩去的。"

叶剑英满意地说："好！通知下去，立即吃饭，吃完饭收拾东西立即出发！"

一路狂奔

父亲余才凤是个失散红军，因为负伤走不动了，就流落在兴安华江。你们要是早些年来，可能能收集到蛮多关于红军长征的故事。可惜老人家1996年去世了，他当年的秘密，那些说了和没说的往事，也和他一起埋进地里了。那些往事，只有他自己知道。

> 红米饭那个南瓜汤哟嘿啰嘿，
> 拔野菜那个也当粮啰嘿啰嘿。
> 毛委员和我们在一起，
> 天天打胜仗呀打胜仗。
> ......

父亲最爱坐在门前的土坡上唱这首歌，小孙女听着听着就睡着了。听得多了，邻舍的人也会哼了，每次父亲唱起，他们就说，余才凤又在唱红军歌了。其实，父亲唱的，是江西老家的民歌。

湘江战役中，父亲参加过光华铺阻击战，后来队伍一路向西行军，过老山界时和红军大部队走散，流落在华江乡同仁村这个叫"额头"的山旮旯。

父亲讲，渡湘江后他发现枪上的弹夹掉了，就跑回去捡。枪没了弹夹，就等于是坨废铁，但冒着子弹往回跑是很危险的。敌人在河对

151

失散红军余才凤在给学生们讲述当年抢渡湘江的故事。
盛久永摄。

岸打枪，他刚跑到岸边，一眼就看见掉在路边的弹夹，赶快捡起就跑。就在这时，敌人的枪再次响起。

"啪啪!"两声，子弹从父亲头顶飞过。

父亲的军帽应声落地。

父亲头也不回地朝前跑去，不敢再回头了。

"只能低头猛跑，一路狂奔，没命地狂奔，总算躲过一劫，"这么多年过去，但是每次讲到这里，都看得出他还有些紧张，"那时候子弹宝贵啊，发子弹的时候，当官的就特别交代，子弹就是战士的命，你们要像爱惜自己的生命一样爱惜每一颗子弹。尤其战斗中，有子弹就有可能活命。"

有一次，父亲和三个战友走在松树下边，一声巨响从身后传来，他赶快蹲下来，就地往前一滚，只觉得地面一震，手臂一阵剧痛，心想这下"报销了、光荣了"。过后抬头一看，还好只是手臂擦掉了一大块皮，鲜血直流，他正庆幸是小伤时，回转身却发现不远处的三个战友都牺牲了。看着自己的兄弟就这样死了，他讲他的眼泪一下子涌了出来，牙咬得紧紧的，恨不得把敌人抓住撕个粉碎。

父亲健在的时候，每年都会被邀请去华江学校讲长征的板路，有一次还去了县里，给县里的干部们讲。现在还有很多熟人和我讲，李明晨，我是听着你父亲的红军故事长大的。

口述人：李明晨，兴安县华江瑶族乡同仁村委额头村村民。

历史回闪

光华铺阻击阵地距离界首渡口约十里路，周围是一片比较开阔的丘陵，大树很少，只是在稍微突起的山包上零星生长着一些低矮灌木和杂草，地形实在不便于坚守。

担负掩护军委纵队、九军团、五军团过江任务，奉命在界首以南阻击桂军的红四师十团，经过连续两天的激战，伤亡惨重，早已从渠口渡西岸、五甲塘及唐家岭，退守到第二道防线碗塘岭一线。

当天下午，碗塘岭炮声、枪声响成一片。

几个战士正从一棵松树下经过，一颗炸弹在旁边炸开，战士余才凤赶紧蹲下，就地一滚躲进附近的弹坑，他感觉手臂一阵剧痛，心想这下肯定"报销了"。几分钟后，硝烟散尽，他抬头一看，还好，只是手臂擦掉一大块皮，虽然鲜血直流，却并无大碍。余才凤庆幸只是小伤，忙回转身查看同伴的情况，当目光停留在不远处时，眼前的一幕让他呆住了——刚才一起战斗的三个兄弟全都倒在了血泊中。他冲过去，用力摇晃，用力呼喊，可兄弟们已经完全没了知觉。看着和自己一起出生入死的兄弟就这样死了，余才凤的眼泪一下就涌了出来，牙齿咬得咯咯响，恨不得把敌人撕个粉碎。

一阵炮击后，桂军用土话大声嘶喊，向十团阵地冲了过来，又一场肉搏战开始了。

连续打退桂军十几次进攻，二营营长牺牲了，沈述清团长来到二营阵地亲自指挥作战。他率领全营战士从山上猛冲下去，拿着手雷扔向敌营，打退了桂军的进攻。桂军第二梯队又冲了过来，明晃晃的刺刀闪着寒光。眼看二营阵地就要被敌夺去，沈述清与敌人展开了肉搏。战士们看到团长奋不顾身，都大喊着跑步上前，用大刀向敌人劈去。突然，一颗子弹打中了沈述清的左脚，他还摇摇晃晃继续向前冲，冷不丁，一把刺刀刺来，他身子一歪，倒了下去。

沈团长倒在血泊中，战士们围在他身边，像要把他唤醒一样地呼叫。可是，他已经停止了呼吸。

"战斗打得很艰苦，双方伤亡不小！我们的装备实在可怜，子弹太少，现在剩四五发子弹的就算富有的了。我们不能像敌人那样乱放枪，几乎每射击一枪都得认真考虑，目测一下距离，在射程之内才开枪。"

刚回到红四师前敌指挥部，张宗逊师长就大声嚷道。

"这个情况，必须马上向彭德怀军团长汇报。"黄克诚政委说。

见证

华江境内的瑶族主要是盘瑶，在历史上是一个迁徙频繁的民族，入山唯恐不深，入林唯恐不密，习惯在荒无人烟的莽林中寻找落足之地。加上生产力水平低下，长期处于刀耕火种的农业时代，他们"食尽一山，则移一山"，过着迁徙不定的游耕生活，居无定所，四处漂泊，最后形成大分散、小集中的分布格局。图为身着传统服饰的瑶族老人，她头上戴的是濒临失传的"盘王帽"。

看我这身服装，看我两个耳朵上的大银耳环，你就晓得了，我是一个正宗的瑶族妇女。我们华江的瑶族，基本都是盘瑶，也喊过山瑶（过山瑶为盘瑶支系）。

民国二十三年（1934），我们一家正在地里挖红薯，听说红军来了，赶紧躲到山里。为什么要躲？还不是因为老早就听国民党讲了，红军来了要放火烧房子，要分光你家的东西，还要抢女人做老婆。所以，村里的妇女一听到红军要来，都脚底抹油，走光了。

我爱人龚正杰被红军请去带路，把他们送到川江才返回来。

红军从这儿过了两天两夜。

有房子被烧了，是在红军大部队走以后烧起来的，当时只有少数走不动的人还在。火烧了很久，损失特别大，红军赔了两百多块光洋。

走在后面的红军，有些是真走不动了，有的就那样被饿死了，还有的被追上来的国民党打死了。

村上有一个八十多岁的老奶走不动，就留在家没出去躲。我家的两个娘娘（兴安方言，意思是姊娘）没办法，只好回来照顾她。她们跟红军一起吃了饭。红军临走时告诉她们，红军要走了，国民党要来烧房子，叫她们把老奶背出去，她们不听话，没背，结果老奶果真被人放火烧死了。

口述人：施锡金，兴安县华江瑶族乡千祥村村民。

历史回闪

千家寺阵地的枪声慢慢停下。

红五军团、红八军团主力已火速向北撤退。转瞬之间，火把似山野中的萤火虫般星星点点亮起，绵延数里之长，沿山中谷地游走。

田垌里的草垛火光冲天。

溪涧边的老柳树火光冲天。

红五军团临时指挥部南面的半山上火光冲天。

火光冲天的，还有距离千家寺东面一千米处的东村数座民房。

见田垌里再无枪声，韦健生这才下令："进千家寺搜索！"

"抓几个活的！"

"好啊，兄弟们，抓到活的有赏啊。"

"红军不经打啊，兄弟们还没过到瘾就逃走了。"涌向千家寺的桂军队伍里，有人嘻嘻哈哈地说笑道。

田垌里，小河边，红军遗留下来的五匹骡马跑散，行李担子一塌糊涂。锅里的米饭已经煮熟，还没来得及进食。漆黑的夜色笼罩着桂北大地，伸手不见五指。

撤出千家寺的红五军团、红八军团官兵在坎坷不平的山道上深一脚浅一脚，跌跌撞撞地往前走着。尽管夜行军使得大家备尝辛苦，但是，夜晚终究是安全多了。寒冬时节的夜晚，尤其寒气逼人，但他们的棉衣却被汗水浸透了。马不停蹄地急行军，他们的汗水在身上湿了干、干了湿，留下一块块白色汗迹。

夜越来越深，队伍仍旧挑着、抬着沉重的武器，艰难地行进着。

寒意袭人的朔风不时掠过。

　　静悄悄的羊肠小道上，只有唧唧的虫鸣和沙沙的脚步声，以及吁吁的喘气声，间或有山石滚落发出一两声沉闷的响声。

活埋

　　1964年搞社教运动时，我刚好三十多岁，血气方刚，是个积极分子。

　　一次闲聊中，听村民说起一件让在场所有人震惊的事：他的父亲1934年冬天受同村的地主廖某雇用，和另外两个村民一起，活埋了一个生病掉队的小红军！事后，每人得了地主一块光洋。

　　据说，1934年12月3日，红军先头部队来到塘坊边，抓走了地主廖余德，拉到金石乡枪毙了。我通过各种渠道了解，还专门查了历史资料，确实有记载，说当时有这么回事，抓廖余德的是最先到达千家寺的先头部队——彭德怀的红一军团。他那支部队没走龙塘江翻越老山界，而是从千家寺出发，经过洞上、小河往金石方向绕过老山界，去往龙胜的。红军主力部队出发翻越老山界以后，有一个个头比步枪高不了多少的小红军因伤掉队，被廖余德的堂弟廖先登雇人抓住，然后又雇人将他拉到山上活埋了。

　　我不敢怠慢，立马向社教工作队队长庄代智做了汇报。

　　庄队长指示我一定要找到小红军的遗骨，并且要重新安葬。

　　时隔多年，当年参与活埋小红军的三个人中，一个叫贺必达的，在第二年砍树时被压死了，另两个年纪也很大了。我找到这两个人，请他们仔细回忆当年埋人的地点在哪里。其中一个老人回忆，是在一棵很大的枫木树蔸旁，坑挖得很深，是让那个小红军站着活埋的。他

161

位于塘坊边的无名小红军之墓，左侧新碑系2006年中央电视台
《我的长征》栏目组所立。

讲只记得这些，也许是不愿多说吧。

线索很少，不过皇天不负有心人，经过多方查找核对，我们终于找到了小红军被活埋的地方，并挖出来一些遗骸。然而，头骨因为接近地面，盖土较少，早已不在了。

我们买来一个较好的瓦缸，将小烈士的遗骸迁埋到了塘坊边，离衡州会馆几步之遥的竹林里。为什么要迁到塘坊边呢？因为迁坟的时候，同仁村委（当时还叫同仁大队）办公点就在塘坊边的衡州会馆，比较方便。

口述人：李明昇，1934年出生，兴安县华江瑶族乡同仁村委原支部书记。

历史回闪

塘坊边后龙山上，有个叫大垠的小山村。

大垠视野极开阔，村前是一片四季不缺水的泮田，垠下有一条小河，过了小河，就是塘坊边。

站在大垠可居高临下，方圆数十里一目了然，垠下的村舍星罗棋布，梯田、进山的羊肠小道和六峒河尽收眼底。六峒河从塘坊边前哗哗流过，河对岸一条东北走向的山梁便是喇叭界。

大垠村的村民全姓秦，牵牵绊绊的，都是一家人。

因为听了国民党的宣传，在红军进村前，村里的人都躲到后山界板江去了，只有秦德荣胆大，不信邪，偏要留下来看看情况。

上午，几个红军战士来到村里，觉得秦德荣家的房子正居村中，视野开阔，又利于安排警戒。经秦德荣同意后，三名首长住进了后面的房间，秦德荣仍住前屋。秦德荣见红军并不像国民党讲的那样坏，讲话和和气气，也不乱拿农民的东西，他的心就定下来了。

几个当官模样的人住下后，和秦德荣打了个招呼就到后屋商量什么去了。

商量什么，秦德荣也没去打听。

他听说，塘坊边衡州会馆旁边的廖余德家，也住了红军。他还听说，廖余德头天被千家寺上来的红军绑走了，好像说要绑去金石枪毙。

"廖余德可是这十里八乡的大户，他难道也没进山躲起来？"秦德荣觉得有些奇怪，但没敢多问。

寻找英雄父亲

2012年10月6日，县人大吴海峰副主任带着一群人来黄隘，想找我父亲彭文祥了解情况，一起来的有报社的记者，还有烈士碑园的人。其中有几个讲福建话的人，经吴主任介绍，才晓得他们是红军后代，这次来华江，是为寻找当年牺牲在这里的父亲。

吴主任说，梁老是来寻找英雄父亲的。

吴主任还说，湘江战役中，不知道有多少人失去了父亲，多少人失去了儿子。由于战事紧张，当时来不及对牺牲的烈士进行收殓，也来不及记录。

"好多当年帮助过红军、见过红军的亲历者都已经不在世了，只能靠他们的后人帮忙。彭玉华，今天能不能帮梁老找到父亲遗骨，就靠你了。"吴主任用手指了指眼前，黄隘绵延，四周除了山，还是山。他大声说道："红军的后卫部队在这里打阻击，和桂军打了一个下午，打到天黑看不见了才撤到同仁。"

"我也好多年没去过那边。他们从哪儿晓得是在这里打仗牺牲的呢?"我问。

"有些零零星星的资料可以查到点信息，刚好有人说你老子和张古筒两人当年救助过红军。这个讲起来有点复杂。"吴主任说。

"就是，我老子彭文祥和邻居张古筒确实帮助过一个红军，那个红军是在黄隘打仗的时候，负伤摔下铜车岭的，他们给他送饭，疗伤，红军死了以后，他们两个一起把他就地掩埋了。"我说。

福建来的人中，有一个80多岁的老人，叫梁兴林，当年他的父亲梁茂富是红军的团政委，过华江的时候在铜车岭和李军打了一仗，负伤之后从岭上滚下来，在上垌田牺牲了。当年是我父亲彭文祥和张古筒把他埋在上垌田上，就埋在屋后头。这次梁兴林老人带了两个儿子、儿媳来，想找到他父亲的遗骨带回福建安葬。

我们早已经搬离老宅了，不过老屋旧址我还记得，就带着他们去。

去上垌田的路好多年没有人走了，长满了荆棘，一路走走停停，走了好久才到。

张古筒和我父亲也都死了好多年，我也搞不清到底埋在哪坨（兴安方言，意思是哪儿），只好凭着记忆，圈定出大致范围，大家一通乱挖，见土堆就挖。大家用锄头铲子挖了好大一片，也找不到，只好作罢。

临走前，梁兴林老人带着儿子在山脚下垒了一个土堆，在土堆前面点上蜡烛，化纸焚香，向着上垌田方向跪下，祭拜他父亲。

下山后，梁老的儿子梁进泉同吴主任和湘江战役烈士碑园的人商量，说下次带仪器再来探测，以确定埋葬的具体位置。

口述人：彭玉华，兴安县华江瑶族乡千祥村委黄隘村村民。

历史回闪

铜车岭上垌田。

昏迷了一夜的梁茂富终于醒了过来。

梁茂富的第一感觉就是痛。大腿上传来的痛一阵阵钻心。他努力撑起身，把歪扭的右腿摆平，轻轻地在伤口周围揉了一阵，疼痛才稍稍缓解过来。他抬起头，打量着周围。

这是他滚下来的山坡尽头。从山顶到这里足足有二百多米，靠着满山的灌木杂草，他才没有摔死。

梁茂富清醒过来的第一个念头就是追上自己的三十八团。他努力想站起来，却身子一软又跪下去。他并没有放弃努力，又顽强地用手撑起上身，拖着伤腿，向山脚下爬去。

梁茂富刚刚爬过十几米，眼前突然一亮：透过灌木草丛，一座树皮小屋出现在眼前。梁茂富兴奋地连爬几下，突然从一个小坎坡上翻滚下去，又昏死过去。

梁茂富再次醒过来的时候，发现一双眼睛正紧盯着自己。

一双淳朴、憨厚而又带着警惕的眼睛。

这一双眼睛，属于一个中年的山里汉子。

两人对视了一下，在确定梁茂富没有恶意之后，中年汉子冲梁茂富憨然一笑："昨天就是你们在铜车岭打仗？"

梁茂富点点头："我们是红军，路过这里，是穷人的队伍。"

中年汉子点点头："昨天看到你们的人，过黄隘往千祥去了。你们不抢老百姓的东西，对人又和气，是好人。"

梁茂富放心地笑了，说："我想追上自己的部队，你能不能帮我一下。"

中年汉子看看梁茂富流血的腿，摇摇头："外面的路全让政府的兵封住了，你的脚又挨打跛了，走不出去的。"

梁茂富的眼神黯然失色，其实他心里也明白，在这种情势下，他是无法与战友们相聚了。梁茂富呆了一呆，说："老乡，能给我喝口水吗？"

中年汉子马上说："我这里就有水筒，你喝吧。"他腰间绑着一把用麻绳系着的砍刀，还系着一个竹筒。他说着解下竹筒，递给梁茂富。

梁茂富痛快地喝了几口水，停下问中年汉子："谢谢你老乡，你叫什么名字？"

中年汉子又憨厚地笑笑："我喊张古筒，"又说，"等下怕有乡里的保安团来搜山，你先躲到我屋后的棚子去。"张古筒见梁茂富点头，上前拉了梁茂富一下，发现一个人拉不动，说："你等下，我喊个人来帮忙。"

张古筒走了一会儿，带着一个年轻小伙儿过来，对梁茂富说他叫彭文祥，这地方叫上峒田，只有他们两户人家。彭文祥也向梁茂富笑了笑，两人把梁茂富抬到一个小树皮棚子里。张古筒交代说："你莫乱走，夜晚我送饭来给你吃。"

一块光洋害了条命

1934年12月，天特别冷。

红军队伍已过境好几天，国民党追兵也撤走了。原本人烟稀少的山窝窝，因为前些天发生过战事，村民吓得不轻，还没缓过劲儿来，天天都缩在家里，不敢轻易露面，怕出门挨了冷枪。村里村外，除了狂风吹得空谷嗷嗷响，基本没人走动，冷清得很。

黄老一是个胆大包天的人。那天，他上山砍柴回来，在油榨发现一个生病的小红军，不用讲，他知道眼前这个小伙子是掉队了。黄老一原本不想多事，但路过小红军身边时，瞄见小红军脚下横着杆步枪，便起了歹意。

趁小红军饿得迷迷糊糊，黄老一取下他脚下的绑带，将他捆起来。

黄老一把抢来的枪藏在柴火里，担在肩头，快步朝廖先登家跑去。他心里盘算着，把枪卖给廖先登，肯定能换几个钱。一担柴火才几个钱？一杆枪，肯定比柴火值钱多了去了啊！最近手背，他已经好久没摸过钱了。

廖先登是界脚湾村里的大户人家，仔细盘问了枪的由来，得知是个掉队小红军的，便让黄老一找来蒋水清，还有个姓鄢的，说："你们三个，去把那个红头兵埋了，每人给你们一块光洋。"

黄老一说："还是个活的啵。"

廖先登说："活的？活的也埋了他。"

169

三人接过光洋，没多想，连拖带拽，将小红军弄到界板江埋了。

直到"四清运动"那年，村里的大户李德仁才请人把小红军墓从界板江迁到塘坊边，葬在六峒河边的竹林里。

讲起塘坊边，我不由得想起一个人来，当年红军中央纵队就驻扎在塘坊边、大埌一带，衡州会馆是朱德的临时指挥部。在朱德他们到达塘坊边的头一天，衡州会馆隔壁的地主廖余德被红军抓走，不久后，就听说在金石被枪毙了。当时廖余德60岁左右吧。

经过我们同仁的红军队伍是从西延过来的，据说是红军主力，他们过同仁、老山界走的路线，是从华江进，同仁出，途经千祥、高田、油榨、塘坊边、过江铺、龙塘江、雷公岩、大竹坪、百步陡、杀人坳，翻越老山界到塘洞。

那阵子天气寒冷，四处一片萧瑟光景。

山路曲折狭窄，湿滑难行。

经历过湘江激战后，交战双方损失都很惨重，加上老山界自然环境特别恶劣，一路追击的李军已经不怎么想拼命，只希望红军快快离开广西，他们好打道回府，交差了事。而红军本来就是过路，自然也不愿陷入胶着战事，所以，在老山界这一段，双方好像有点默契，都无心恋战。当然，老山界的莽莽原始森林，也是一道天然屏障，红军选择翻越老山界，利用这一有利地形得以让军队上下有个喘息的机会，可以说是下了一步剑走偏锋的好棋。

陡峭险峻的山路上，红军在前面爬坡，李军阴魂不散地一路咬住不放。不过，他们也不紧追猛赶，估计是不想挨枪子，始终保持一定距离跟在红军的屁股后面。于是，有红军冲着山下的李军喊话："不要追那么快，前面的路太陡，走不快的。"

"呯呯！"

李军队伍中不时有人朝天上放枪。

1985年7月，失散红军刘华连给千家寺小学学生讲红军长征的故事。盛久永摄。

"呼呼！呼呼！"

枪声响得很热闹，却不见双方有伤亡。当然也有死伤，多半是病死饿死的吧。

老山界的古道上，有个叫雷公岩的山崖，岩石上凿出来的石梯，宽只有一尺左右，像倒挂在半山悬着，是一段极为骇人的路。红军连长邓炳彪连人带马从岩上跌下，摔了个半死，是一个纸厂的老人家把他从崖下背到山外，放在同仁狮子庙，救了他一命。他从狮子庙一路讨饭到司门前，因为人生地不熟，不敢贸然往人多的地方去，只好原路折回华江。走到双江口文佩卿家门口时，实在走不动了，就求文家："你帮我治伤，治好以后我在你家帮你做工。"说来也巧，文佩卿家是开草药铺的，就好心收留了他。几年后，邓炳彪被送到几公里外的高田做了上门女婿，随后开枝散叶。

同仁有个叫刘华连的失散红军。

我俩年纪相仿，早年经常约在一起放牛，我对他的情况比较清楚。

刘华连原名刘诗泽，是江西省赣县白石乡下白石村人。他说，出发前一天，有负责招兵的红军到村里做动员，到他家的是个年轻干部。"你走不走？不走的话，国民党后天就要杀你的头了。"

为了活命，他就跟着队伍从老家出发了。

那时他才16岁，和杆步枪差不多高。

队伍里多半是和他年纪差不多的年轻人，大家都不知道要去哪，只是听话地跟着走，没日没夜地走着。

因为一路急行军，还没走到湘江边，好多人的脚都走伤了。和他一起的大多是娃娃兵，出发前招进队伍的，没有经过训练，哪能连续强行军？他的脚已经肿得像个馒头，每走一步都痛得掉眼泪，刚过湘江就掉队了。

和他一起的500多人在镰刀湾遇到一个骑马的，那人勒住缰绳问：

"你们是哪个部队的？你们领导呢？"

有人答："我们领导打散了。"

那人说："你们跟我走，我做你们领导。"

在他的带领下，大家缓慢地朝千家寺方向继续行军。

经过升坪、佛子界，刚走到车田，就被国民党追兵围了起来。国民党兵一通扫射，骑马的军官和他的马当场被打死。追兵有4挺轻机枪。

刘华连他们成了俘房，被连夜押送到兴安县城，关进了湖南会馆，半年后才陆陆续续释放。

刘华连先是在洞上村打零工，运气蛮好，不久就结了婚，后来他老婆死了，就带着儿子到同仁桃子头上门。10年后，他第二个老婆也死了，就和儿子二人相依为命。20世纪60年代，刘华连上山拖竹子，一只眼睛被竹枝刺伤，因为没钱医治，最后瞎掉了。

老刘算是运气好的，报纸报道了他的事，帮他找到了江西的老家。家里人以为他不在了，灵位都已经供着，直到众人陪他回家，他活生生地出现在家人面前，家人才确信他还活着。

如今，邓炳彪和刘华连都已去世，失散在华江境内的老红军都已经去世了。

口述人：李崇裕，91岁，兴安县华江瑶族乡同仁村委油榨村村民。

历史回闪

千家寺的红军已向塘坊边撤离。

16岁的刘华连因为脚伤，没能跟上去。

刘华连，原名刘诗泽，1934年在江西赣县白石乡"扩红"时成了一名红军战士，随后被编入第八军团。

出发前夜，有负责扩红的人问他："你走不走？不走的话，红军一走，国民党马上就要来杀你的头！"他就跟着走了。还没领到枪，他的脚就走伤了，尤其是过了湘江后走了几天山路，更是不行了，脚踝肿得厉害，不能再连续急行军，只能依靠拐杖缓慢地行走，而且，走几步就要休息好久才能再走。

由于前期准备不充分，不少战士缺鞋穿，只得赤脚行军，队伍里好多战士都有脚伤。除了在战斗中负伤的，有的是像刘华连一样走路走伤的，有的是在路上被石子或树枝扎伤的，还有的是进入广西以后被竹扦戳伤的。比如刘华连认识的陈如贵，就是渡过湘江以后负伤的。他所在的红八军团被安排跟随红五军团行动，很不幸，他刚跟着红五军团没走几里路，就被竹扦捅穿了右脚踝。竹扦上的毒扩散后，整条右腿都肿大起来，行走非常困难。

那些竹扦，用陈年老尿浸泡后，再涂上桐油，埋在红军必经的山间小道上，用树枝、泥土伪装起来，一旦踩中，伤口除剧痛外，还很快就会感染化脓。

当时，刘华连和几个掉队的伤病员在佛子界休息，一个骑马路过的红军干部问道"你们是哪个部队的？"

"我是五军团的。"

"我是八军团的。"

"你们领导呢？"

"领导在前面，我们掉队了。"

"你们跟我走，我做你们领导！"干部说完，带着大家往千家寺方向前进。没想到，刚进到车田地界，就与桂军遭遇了。这场遭遇战，毫无悬念，还没开始就已经结束。红军干部和他的马被乱枪打死，刘华连等人被俘虏。

几乎在同一时间，红五军团后方医院的伤病员也被偷袭千家寺的桂军全俘虏了，当时，他们正在高田瑶寨的田垌和竹林里吃晚饭。

刘华连在被俘人员里看见了他的江西老乡文家洪。

差点就跟红军走了

赵财旺接过《征服老山界》，找到其中一页，他目光缓缓落在纸上。那一页有他家和红军之间发生的故事。刚才还开怀大笑的老汉，突然严肃起来。中央红军打湘江战役那年，他才四岁，他的父亲去给红军先头部队带路还没回来。

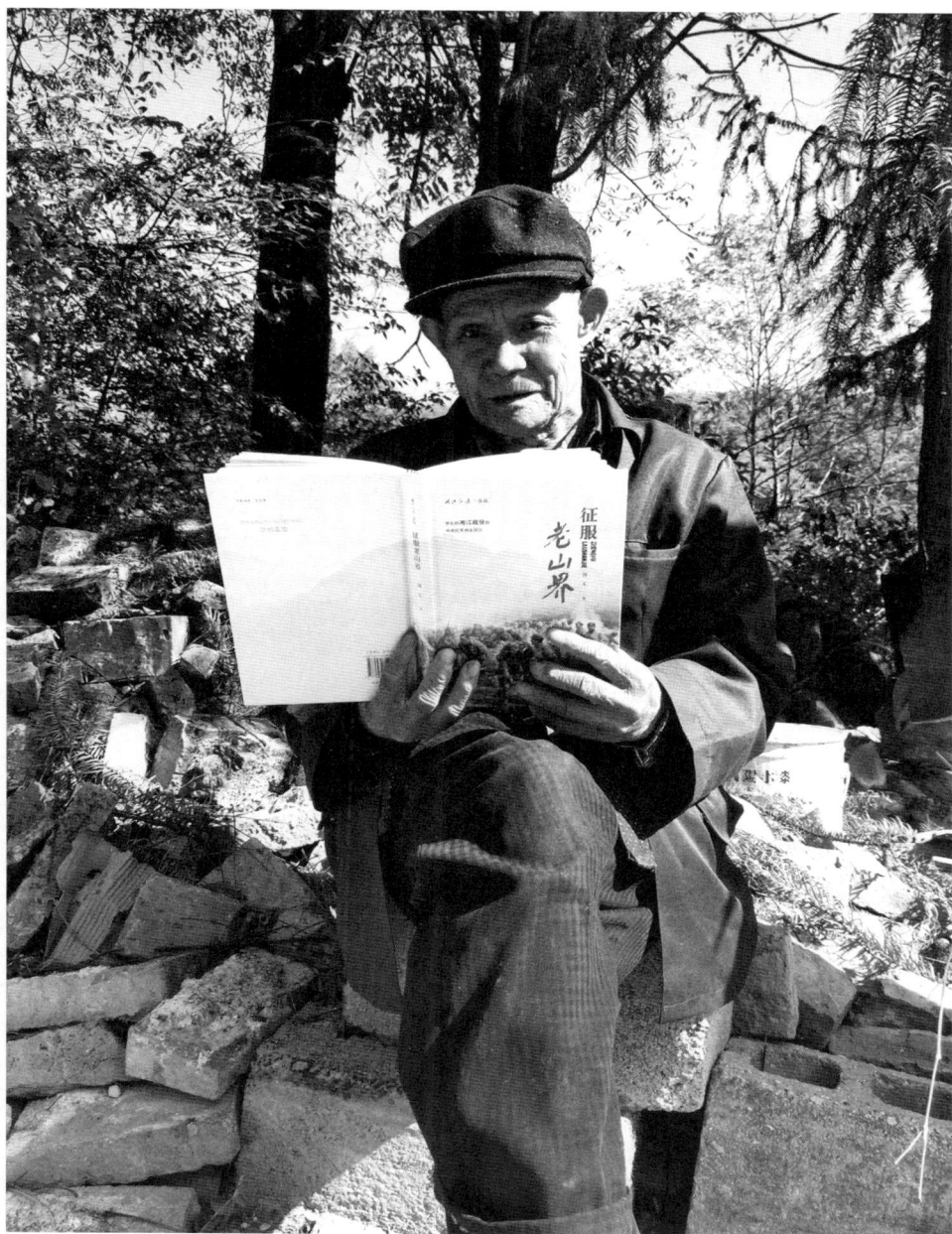

我们桐子坪瑶寨的族人，1949年以前都是住在老山界脚下的五岭背啊、龙坪坳啊、雷公岩啊那些大山里，人口不多，和山外的汉人少有来往，1949年以后才搬到桐子坪落户。我家住在五岭背。民国二十三年（1934）冬天，红军队伍就是经过五岭背，过雷公岩、百步陡以后翻过老山界的。

雷公岩坡又陡又窄，亏得他们那么多人爬啊。

听我爸讲，有几匹马从崖上跌下去，脚骨都断了，还有一个受伤的红军连长邓炳彪也跌下去了。也是他命大，竟没死！一个在山里造土纸的救了他一命，把他从雷公岩下背到十多里外的狮子庙，后来他才有机会落户在华江。老邓生前经常被接到学校、县里讲红军故事。

那时候我才三四岁，红军来的时候还在妈妈背上。

红军突然就到了家门口，走得快的大人都到深山躲起来了，我妈背着我哪里走得快？我小时候爱哭，被我妈骂了几句，哇哇哇哭得更加大声了。我妈赶紧哄我，崽哎，你莫哭，你爸去带路，去了两天还没回来，怕是回不来了，你爸要是回不来，剩下我们孤儿寡母怎么办？说着，我妈也哭起来。

红军已经进屋，见我妈正要从屋后上山，就讲，表嫂不用躲，我们是穷人的队伍，这几天不要紧，等我们走了，你们再进山躲几天吧，国民党很快就要追过来的。

后来，我爸讲，红军和国民党在六十多里外的湘江边打了一仗，双方都死了很多人，国民党从湘江一路追到这里，一路都有枪战，要不是华江的原始森林树木茂密，估计红军更加险火（桂林方言，意思是危险、要紧），死的人会更多。国民党虽然有飞机大炮，但是看不到红军队伍躲在哪里，也只能干着急，盲目轰炸一通了事。

当时给红军带路的是赵贵良、赵荣高和另外一位赵氏族人，赵荣高是我父亲，赵贵良比我父亲长一辈。送到龙胜后，另外那位族人跟

1989年10月，失散红军邓炳彪在讲述湘江战役的故事。他曾任红八军团二营四连连长，翻越老山界途中连人带马跌下悬崖，幸得当地百姓相救，后落户兴安。盛久永摄。

着红军走了，至今杳无音信。

先头部队到达龙胜以后，一个当官的问了赵贵良和我父亲的家庭情况，说你们不要回去了，跟着我们当红军打土豪去吧，今后包管你们有衣服穿，有饱饭吃。赵贵良说，不行啊，我们上有老下有少，哪里走得开。我父亲也说，不行不行，我老子肯定不给我跟你们走。说完，两人就要往回走。"莫急，你们这样是回不去的，等我写张路条给你们，要不然路上会出事！"红军说。

果不其然，回华江的山路上，沿途都是过境的红军队伍，见有人往回走，不时有端着枪的人拦住他俩，警惕地问他们是什么人，为什么往回走。好在他们手里有路条，一路拿给红军看，才能够走回来。听我父亲讲，他们回到半路，大概是在雷公岩的山上，刚好遇到红军和国民党追兵打起来了。他们两个人熟悉那一带的地势，赶快找地方躲起来，眼看红军边打边退，等枪声远了他们才出来。

我父亲后来经常讲，要不是因为上有老下有小，他差点就跟红军走了。

口述人：赵财旺，兴安县华江瑶族乡同仁村委桐子坪村村民。

历史回闪

十二时三十分。五岭背赵家屋场。

一挺机枪架在路旁那块花岗岩巨石上，枪口对着进山的路，机枪射手的身上，盖着两张芭蕉叶做掩护。离机枪几步远的地方，一排负责警戒的红军战士匍匐在地，个个虎视眈眈地盯着前方。

几座低矮的木屋前后左右全是正在休息的红军，屋前的苞谷地里，架了几口锅头正在煮饭。赵荣高的婆娘赵友兰背着儿子赵财旺躲在里屋，一个当官模样的红军正在堂屋和摆弄电台的战士商量着什么，随后，他让话务员赶紧用电台联系先头部队。可能是由于五岭背地势太低，加上屋前屋后全是枝叶繁茂的大树，电台信号极弱，话务员对着话筒使劲呼叫，还是无法联系上进抵龙胜的中革军委。

袁光命人砍来几条竹子，用藤条把竹子首尾相接，然后把电台天线捆扎在竹尖，一通忙活之后，电台信号还是断断续续。袁光急了，命令两个年轻战士将电台背到后山顶五岭界上去，务必要联系上中革军委。

正午，饭做好了，一名老红军招呼赵友兰一起午餐。赵友兰见这些当兵的都很友善，早已消除了之前的戒备和恐惧，接过老红军递过来的竹筒。

刚喂了赵财旺几口稀饭，屋外突然人声嘈杂起来，有人大喊："来了来了，白军追过来了！"

随着为首的红军一声令下，红军战士们纷纷跑步到屋檐下各自抓起枪就走，有的人动作稍慢，一口饭都还没吃上。

红军撤走后，屋外一片混乱，有的锅都被打烂在地。

"啪啪啪！"

远处传来几声清脆的枪响。

赵友兰赶紧抱起赵财旺躲进里屋，反手用一截木头将门顶住。不一会儿，山路方向又是一阵嘈杂声，乱哄哄的，赵友兰估摸着是红军说的国民党追兵来了，她想起红军的交代，来不及收拾，就背着儿子从后门出屋，身后顿时枪声大作。赵友兰顾不了那么多，顺着屋后的小路朝五岭界方向跑去。

采访视频观看入口

和首长一起洗脚

大垴的位置特别好，前边是一片四季不缺水的稻田，垴下有一条小河，过了小河，就是塘坊边村。

塘坊边前面就是六峒河，河对岸的山冲叫喇叭界，翻过喇叭界可以直抵水埠村；顺六峒河而下，过千家寺、出司门前就到山外了。往北走就是兴安、湖南方向；往南走可以到桂林；逆六峒河而上，则可到过江铺、龙塘江村；再溯水而上，就到了雷公岩、百步陡天险。自百步陡走不多远，翻过老山界，就到资源地界了。

听我父亲讲，1934年12月4日，从千家寺过天子巷准备西进的红军，在翻越老山界前夜就把机关安排在这里，领导住在村中较为隐蔽的几户人家，荷枪实弹的警卫部队则安排住在外围。

大垴村的居民全姓秦，牵牵绊绊的，都是一家人。

因为听信国民党宣传，在红军进村前，大家都躲到后山界板江去了，只有我父亲胆大，不信邪，他说国民党的宣传也不太可信，偏要留下来看看情况。

12月4日下午，几个红军战士先来看了房子，觉得我家的老木房子居村中，位置最好，两边可安排警戒，对国民党追兵过来的方向也看得清，于是就安排三个当官的住了进来。父亲见红军并不像国民党讲的那样坏，讲话和和气气，也不乱拿农民的东西，心就定下来了。

安顿好以后，他们和我父亲打了个招呼，就到后屋商量什么去了。

商量什么，父亲也没去打听，顾着忙自己的事。

天黑了，勤务兵把饭菜端上来了，他们便停下工作，围坐在火炉边吃饭，还邀我父亲一同过来吃。父亲先头有些怕，后来见他们热情友善，不像坏人，向火塘添了一把干柴，就大胆地坐下来和他们一起吃。

当官的问父亲姓什么叫什么？父亲一五一十地告诉他们，自己叫秦德荣，是大垠土生土长的。当官的又问村里的情况，问大家的生活如何，租税重不重，等等。他们说红军是穷人自己的队伍，是为穷人打天下的。吃罢晚饭，天完全黑了，他们又问父亲家里有灯没有，父亲便将平日里舍不得用的唯一的破煤油灯上好油，给他们送了过去。那些人说了一通感谢的话，就又围在煤油灯下商量起事情来。

按照山里人的习惯，晚上总会烧一锅热水给客人洗脸泡脚。父亲心想这些红军天天走路太累了，应该也给他们烧一锅热水，让他们暖暖脚，好睡个舒服觉。

山里人柴方水便的，柴房里有的是干柴，屋后竹笕有流不尽的山溪水。父亲盛了满满一大锅水架在炉上，几把干柴烧过后，水便热了，他拿来家里的大木脚盆，倒进热水，用手摸了摸，又掺了些凉水，觉得不冷不热时，便将洗脚水端进堂屋叫客人过来洗脚。他们三个互相推辞了一下，就让那个留长头发的瘦高个先洗，那人不再客气，自己搬过一张小方凳坐下，把脚放进脚盆后，像是突然想起什么，回过头对我父亲说："老乡啊，你也坐过来一起洗啊。"

父亲靠在堂屋的正柱上，刚点燃烟斗，见当官的招呼自己一起泡脚，忙摇了摇头说："那哪行啊，你是客人，你先洗。"

瘦高个笑了笑，又用他那一口湖南腔说："我们住在你家里，本来是一家人，大家一同吃了饭，现在再同洗一盆水吧。"

父亲说："你不怕我有牛屎臭？"

老山界百步陡，是上山三十里最难走的路段之一，石板铺就的路面长满苔藓，湿滑难行，宽不过盈尺，旁边就是悬崖峭壁，偶尔侧身一看，不免心惊胆战。

瘦高个说："我也是农民的儿子，闻着牛屎臭亲切。"

见父亲还是闷头抽烟，瘦高个又说："我们吃住在一个屋檐下，就是一家人了嘛。"

拗不过瘦高个的热情，父亲只好脱下草鞋，把脚伸进脚盆，说："你不怕我脚臭，我就当真来了啵。"

旁边的人看到他们的四只大脚挤在一起，水溢了出来，忍不住笑起来。

几人又问了些六峒的情况，讲了些打土豪分田地的道理，说红军就是要把土豪们的田地分给穷人，还说家里有什么需要帮忙的，明天可以喊战士们帮忙。父亲听得心里热乎乎的。

另外两个当官的洗了脚，就劝父亲先睡，说他们还有些事情要商量，父亲这才去躺下，但翻来覆去怎么也睡不着。他决定第二天进山去找村里人，叫大家快回家。

第二天，天刚蒙蒙亮，那三人又在小声商量起什么来了。

草草吃了早饭，父亲就去界板江找村民，叫他们快回来给红军准备点进山的东西，当他带着村民们回到半路上时，对面山的喇叭界上便响起了激烈的枪声，原来是国民党的军队追过来了，大家只好又退回界板江。

等大家回到村里时，红军已经走了。

父亲推开房门一看，家里什么也没有少。后屋的桌子上，还多了一口类似闹钟的小钟，还有一札用毛笔写满草字的手稿。

父亲后来和我们讲，估计是红军走得匆忙，来不及收拾，丢下了。他本想把这两件东西给他们送去，可山下龙潭江隘口的枪声正响得激烈，好像是红军的后卫部队已和国民党的追兵打起来了，他只好藏起了小钟和手稿。

1987年，村里忽然来了两位陌生人，直接找到我们家，说："秦大周，你是秦德荣的儿子吧？"我说："是的。"他们说："是就对了，我们是中央军事博物馆的，这次来是要寻找1934年首长遗失的一卷手稿，和一口德国进口闹钟。"

可惜了啊，那时候我父亲已经去世了。据他生前说，当年那叠手稿已被他卷了纸烟；闹钟呢，起先大家还在用，它走得非常准，后来年久失修，失灵了，小孩们先是扯出里面的发条玩，再后来连钟壳也丢了，再也找不到了。

口述人：秦大周，兴安县华江瑶族乡同仁村村民。

历史回闪

老山界南麓。大垠村。

秦德荣以为自己算起得早了，可住在他家的红军起得更早。

"老秦，你这么早起来做什么去？"

"我想上界板江喊我兄弟、老婆和孩子回来。"

"对，应该回来住。"

"我这就去接他们！"

"你稍等一下，我有个事请教你。"

"你问吧。"

"从塘坊边去老山界的路怎么走？"

秦德荣是个实诚人，把自己知道的一五一十告诉他们："我家门口左手边五十米有条小石板路，下坡以后过条小河就到塘坊边。在衡州会馆后面有条东西走向的石板路，你们沿石板路往西走，过了竹林寨，到前面的白段过一渡桥，就到了过江铺，沿江而上，爬过雷公岩，过了百步陡，翻过杀人坳就到塘洞地界。从塘坊边到塘洞的古商道，湘桂两地经常有人挑着盐啊米啊走，不过，路很难走，你们人多，可能一天走不到头，如果走夜路，就要准备足够多的火把。"

秦德荣出门看了一下天气，见对面的猫儿山、鸡公顶、石狗头、鸭婆山上经一夜北风吹拂，半山腰已披上一层白茫茫的雾凇，不由得缩了缩脖子，回屋对众人说："今天很冷，上山的路又陡又滑，你们怕是要找几个懂路人带哦。"

长发红军说："老秦你说得对，我们是得好好准备。"

众人齐说："对的对的，我们是得好好准备。"

秦德荣说："我因为母亲年纪大了，确实不敢走开，要不然就送你们一程。"

大家谢过秦德荣，还向他讨要了一些松膏，准备晚上爬山点火把用。

俘虏

张育松的大哥张育林是塘坊边的小先生，其实是个小伙计，很快和红军混熟了，不仅跑上跑下帮助红军，还把他们送到老山界脚下，得了两块银圆，不料被东家要去一块。

我是1929年出生的，红军来同仁的时候我还小，没印象，大哥见过他们，还给他们带路，得过两块银圆，那是他十二岁前得的最大一笔钱。

我排行老三，喊张育松，大哥喊张育林，小名老梅仔。大哥是民国十一年（1922）出生的，因读过私馆有点文化，特别喜欢看书，被塘坊边龚文成看中，留在他店铺里当先生。说是先生，我看也就是个小伙计吧。店铺就在衡州会馆隔壁，卖点豆腐啊、盐啊、米啊，主要是一些杂七杂八的零货。同仁当年有两个地方有铺子，一个是塘坊边，另外一个是过江铺，这两个地方都在湘桂古道上，因为挑东西来往华江和塘洞的人都要经过这两个地方，所以比较热闹；以前还有过伙铺。

红军在华江山区走的路线，都是古道，上了年纪的都晓得，这些古道是连通湖南、贵州的。

大哥讲，红军一到塘坊边就找地方架锅头，找柴火煮饭，有的人米袋里没有米了就到龚家铺子买米。当时是冬天，那些人的衣服很烂，有些还穿着单衣，好在山里干柴干竹片多，有柴火就好办。他们在衡州会馆后面的空地里烧起好多火堆，东一团西一团地围满了人，火堆旁一个人唱起山歌来，其他人也跟着唱，大哥讲，没怎么听懂。大哥说，听讲那些人大多是从江西、福建过来的，讲话和我们广西口音完全不一样。山里头的天气，白天和夜里是两重天，白天稍微好点，没那么冷，夜里气温降下来冷得你喊死。借住在衡州会馆和附近老百姓堂屋里面的人倒没什么，那些睡在屋檐底下的，睡在田里的，睡在河边竹林的，穿单衣的就造孽了啊，个个冷起打抖（兴安方言，意思是发抖）。

红军来之前，村里的人都躲进了山。

龚家因为铺子里东西多，正在打包，想把值钱的家当搬到山里，还没来得及搬完，红军就亲了。龚文成吓得半死，和我大哥讲，晚上无论如何都要逃命先，早就听说了，红军来了要抢东西的啊。

实际上没那么可怕，人家并没有抢他家。

红军和国民党讲的有些不一样，不仅没抢老百姓，拿了东西还主动给钱，龚文成就索性不去躲了，还留下我大哥，重新打开了铺子大门。

大哥那时候才十几岁，什么都不怕，三几下就和红军混熟悉了，来来回回，帮红军找吃的用的，还主动把门板借给他们当床铺用。

第二天下午，有个当官的请大哥带路。

大哥心想铺子里的东西已经被卖光，反正也没什么事，就答应了。

大哥领着红军经过江铺、龙塘江，一路走到五岭背。先到一步的红军讲，已找好住在那里的瑶人带路，我大哥就返回来了。

当官的塞了两块银圆给大哥，问他想不想当红军，大哥讲，那不行，我是家里长子，得经过爸妈同意，再说，龚文成也不会让我走。

回到塘坊边，他叫花子留不得隔夜食，到处讲自己得了两块银圆，结果被姓龚的要走一块。

从那以后，大哥讲得最多的就是关于红军的事。从红军嘴里，他听到了好多山外的事。他知道了外面的世界，除了华江以外的兴安、桂林、衡阳、湖南，还有远在天边的一个月都走不到的江西、福建，有讲话一句也听不懂的广东。

民国三十年（1941）打日本，政府征兵，我们家里有四兄弟，必须有一个人去。大哥手气好，抓阄的时候，第一把就抓中了。政府讲，现在日本侵略者在中国烧杀掳掠，无恶不做，要送他们去前线打日本鬼子，要把日本鬼子赶出中国，打跑日本鬼子，大家就可以回来。没想到大哥这一去，自此杳无音信，到现在还无影无踪。离开家那天，大哥一路小跑着下山，直到看不到背影了，都没有回头望一眼。我妈讲，这个收账鬼（桂北方言，骂人的话），早就想着要当兵了。

说到这里，我想起一个人来——龙塘江的龙周发。

红军来广西前，龙周发已加入桂林民团，八年都没回过山，家里以为他早已死在外头，做了孤魂野鬼，哪晓得，湘江战役时他回来了，是给红军抓到，带路回来的。他讲，哎呀，出师不利，刚被派到界首堵红军，就被彭老总的人抓了俘虏。审问的时候，龙周发哭着回答是被抓壮丁来的，问他是哪的人，龙周发就答我是当地人。人家又问，你熟悉去西延的路吗？龙周发答，我这些年经常在这一带转悠，熟悉得很，哪里有条岔路我都晓得。红军正愁找不到人带路呢，那真是瞌睡遇到枕头——合适得很。红军到西延以后，突然转了个弯弯，转到华江来，要翻过老山界去塘洞，这条路刚好经过龙家门口，到家后，龙周发开始装病，找到一个躲在山上的村民给红军带路上老山界。龙家原本是龙塘江的大户，龙周发在外面染上鸦片瘾，回来后照样吃喝嫖赌，没几年就把家当败光了。

口述人：张育松，兴安县华江瑶族乡同仁村村民。

历史回闪

八时，晨雾退去，太阳从喇叭界上苍翠的森林里探出了头，万道霞光透过密林洒在六峒河两岸。阳光铺满下山的石板路时，十二岁的老梅仔站起来，熟练地将看到一半的《七侠五义》塞在窗户上。

他知道，该下山去上工了。

还没走到龚家铺子，他着实被眼前的景象吓了一跳。一夜之间，塘坊边到处都是身穿灰色军装的人。沿河的一排屋檐下，收割了稻谷的田垌里，六峒河边的竹林里，到处燃起了篝火，到处都是人，有的在整理背包，有的在煮早饭，有的在河边洗漱。

因读过私馆，老梅仔在龚文成家的店铺里当先生，铺子就在衡州会馆隔壁，卖点豆腐啊、盐啊、米啊，主要是一些杂七杂八的零货。这一带有两个地方有铺子，一个是塘坊边，另外一个是过江铺，因为这两个地方是湘桂古道的必经之地。有个湖南人见来往的商贩多了，索性在塘坊边开起了伙铺。

做生意的，平日里见的人算多的了，但哪见过这架势啊。老梅仔心里直发毛，他的东家龚文成心里更发毛。

早两天听说有"红头兵"要来，村里的人都躲到山里去了，龚家因为铺子里东西多，还没来得及搬完，没想到真来了。

陆陆续续，还有人从六峒河对面的青年山下来，也有从两里地开外的洪山岭过河以后沿河走上来。

他们一到塘坊边就找地方架锅头，找柴火煮饭。这些人穿的衣服很烂，有些还穿着单衣，好在山里干柴多，衡州会馆后面的空地里燃起好多火堆，东一团西一团围满了人，还有人唱起了山歌。老梅仔一句也没听懂。

"龚老板，你说这些人是从哪来的？"老梅仔忍不住问。

"听说是从江西来的。"龚文成答。

"江西在哪里？远吗？"老梅仔问。

"鬼才晓得。我最远就到过湖南衡阳。"龚文成答。

"他们不会来抢店里的东西吧？"老梅仔问。

"呕呕！"龚文成心里一直在打鼓，真后悔昨天没有把东西搬到山里藏起来。

"昨天我下千家寺的时候，看见他们在千家寺的墙上写了好多广告，讲是保护穷人的。"

"写了什么？"

"'当红军有田分''红军绝对保护瑶民''红军是穷人的队伍'，多得很，两层楼写满了，等哪天你自己去看嘛。"

"现在这么冷，这些人穿那么少，难道不冷吗？"

"我看他们也是穷人吧。"

"还有人穿着短裤，要是我，真受不了。"

"白天稍微好点，没那么冷，夜里气温降下来就难熬了。借住在衡州会馆和老百姓堂屋里的人倒没什么，穿单衣的就造孽了啊，个个冷得打抖。"龚文成说完，摇了摇头。

"东家，今天还开不开门做生意？"

龚文成轻手轻脚走近门板，将脸贴在门缝上，从缝隙里朝外张望，好一会儿才悻悻地说："开你个鬼啊，你没看见人家手里的枪啊。"

真是说曹操曹操到。门外有人一边敲门一边喊话："老表，不要怕，我们是红军！"

龚文成屏住呼吸。

门外的人又喊："老表，我们想买点盐、米。"

龚文成开始浑身发抖。

"老表，你看，这是银毫子。"

龚文成把眼睛贴近门板的缝隙，刚好看见一只眼珠。那是一只布满血丝的眼珠，正一眨不眨地使劲朝屋里张望。龚文成心里咯噔一下，心想这回完了，是祸躲不过，只有开门了。

门还没完全打开，一张青春的笑脸就挤了进来。

"老表，我就知道屋里有人，给我来两斤米吧，我和我们班长一天一夜没吃上饭了，饿得慌。""笑脸"在说话的时候，左手不停地把玩着两枚银毫子，右手悄悄把枪往身后挪了挪，确认龚文成看不见了，才拿了一枚银毫子放到柜台上说："有盐吗？也给来点。"

饿得打抖

过江铺地处湘桂古道上，旧时是翻越老山界前最后一个有伙铺的地方。随着见过红军的人相继作古，88岁的唐国珍如今（2021年）成为过江铺年龄最大的见过红军的老人。她家门口不足200米处，就是当年红军过河的地方。

我们村后面这座大山，土名老山界，因为1949年之前山里住着瑶民，又喊瑶山；山的那一边是塘洞，再往前走是龙胜，出龙胜县地界就到湘西了。过江铺在老山界山脚，民国二十三年（1934）前，是来往行人上老山界前的最后一个驿站，从华江去塘洞，必须要在这里或者在塘坊边住上一晚，第二天才有足够的气力翻山越岭。

这里以前有三家伙铺，可惜的是，民国二十三年（1934），也就是红军长征湘江战役那年，有人用桐油烧老鼠，失火烧掉了沿街的一排房子，从那以后，过江铺和以前不一样了，只剩龚姓、唐姓和粟姓三户人家。唐家就在六峒河边，离桥头只有几十米，七十年代，下游的红军桥修建以后，横跨六峒河的老木桥因年久失修，垮掉了，只有河中央巨石上的桥墩孔洞依然残存。村里老一辈讲，湘江战役那年老木桥尚在，红军的先头部队砍来木头和竹子加固过。

红军来时，大部分手里拄着棍棍，个个破破烂烂，走路脚下打飘，看起来疲惫不堪，个个饿得打抖。

看着红军造孽，我家婆蒸了几锅红薯给他们吃。当时，有个红军看来是饿得等不及了，伸手想去锅里拿红薯，我家婆见还没蒸熟，想叫他等一会儿，蒸熟才吃，轻轻地拍了他一下，他就倒在地上了，他身体太弱了。

有人问，当年我家婆蒸红薯给红军吃，要了钱没有。我家婆讲，还要钱？他们那么造孽你还好要钱？你要钱他们也没得了吧。看着他们一个个饿得东倒西歪，哪还能问他们要钱哦。打起仗来了，他们当时真喊作受苦受难了，没得法了才问你要点吃的。

再往山里走，龙塘江里面大竹坪一带，住着几户瑶族人，有个姓冯的老爹，外号冯老大，村里的年轻人都喊他冯爹爹，有两个掉队的红军在他家住了一夜。

"老人家，你能不能给件衣服给我穿，我身上的衣服实在是太破了。"掉队红军问冯爹爹。

"我也没有好衣服，只有两件打满补丁的哦，你要不要？"冯爹爹答。

掉队红军赶紧讲："那更加好，有得穿就好了。"

第二天吃了早饭，冯爹爹又送了件烂蓑衣让红军穿上。冯爹爹家里有个窖眼（用于储藏红薯、芋头或种子的地窖），临走前，他们喊冯爹爹躲进窖眼，说李军和民团马上要追进山来了，你躲着千万不要出来。

冯爹爹讲，要得要得。

他晓得，李军进山必定不是好事。

我嫁到龚家的时候十六七岁，进山做农活经常去冯爹爹家讨茶水喝，他就和我们讲这些。我年轻的时候特别爱听这些板路。冯爹爹见我去他家讨茶喝，就会笑着逗我，你又来听我讲板路了啊。

有一回冯爹爹讲，红军过路那几天，从华江到五排、塘洞的山路上，川流不息都是人。李军从龙塘江一路追着红军跑，追到老山界顶杀人坳上打了一仗后，有一部分就原路返回来了。

红军过境后，冯爹爹看见路两边死了蛮多人。

哎呀！还是莫打仗好，老百姓就想过点太平日子。

口述人：唐国珍，兴安县华江瑶族乡同仁村村民。

历史回闪

　　嘹亮的军号声吹来了大竹坪的黎明。

　　吴吉昌睁开眼睛，一片金色的阳光已在山顶上闪耀着。山谷中仍然是黑蒙蒙的，茂密的树林覆盖着幽深的峡谷，周围除了山，还是山，没有一块平地。山坡上是一片片青葱的毛竹林，山风一吹，绿波荡漾。

　　天亮了，中央第二纵队在瑶民向导的指引下，又开始翻越山岭。

　　一路全是上坡，越往上走越艰难。

　　连日来，部队一直在这样的崇山峻岭中行进。

　　上山的小路只有一尺多宽，贴在山壁上，另一面是几十丈深的山涧，爬不了几步，就累得人喘粗气。

　　翻过一座山峰，前面又是一座山峰。由于山顶风大，不能休息，只得继续往前走。路虽没有之前坡度那么陡，可仍是石梯路，也只有二尺多宽，所以还是很难走。

　　上到半山腰，天空的云雾已把山冈遮住了，随之而来的是大风夹着雨星，大雨马上就要来了。没一会儿，狂风卷着暴雨迎面扑来。因为风狂雨大，山陡路滑，雨伞根本不能用，否则就有被风吹到悬崖底的危险。没有其他雨具，毛泽东和大家一样，只好顶风冒雨，一步一步往下走。泥泞的山路越发难走，新打的草鞋，没走几步就坏了，许多人索性打赤脚。一路上都有人摔跤。风太大，毛泽东让大家互相拉着贴在山壁上，等风小一些再走。

　　前面传下命令，今天无论如何要过到山的另一面去。走了不多远，又遇到了一段陡岩，差不多垂直凸出，古人在岩石上开凿出一尺多宽的石梯。很多马匹汇集在岩下的栈道两旁，让出路来给人通过。有几匹马昨夜从岩上跌了下去，断了腿。大家很小心地爬过了这段石梯，上面的路不那么陡了。不久就到了一片平地，大家终于松了一口气，以为快到山顶了。谁知一个从山顶下来的瑶民说："还远哩！还有一段二十多里的陡山。"

"主席，你看，对面的山好像就是越城岭的主峰猫儿山了。"胡昌保兴奋地指着对面的一处山巅喊起来。

"班长，你怎么知道那就是猫儿山呢?"吴吉清好奇地问道。

"呵呵，我猜的，"胡昌保吐了下舌头，嬉笑着说道，"不过应该不是，这山峦起伏，转弯抹角的，鬼才知道还有多远。"

毛泽东淡然一笑，停下脚步，杵着竹拐杖站在原地，目光顺着胡昌保手指的方向看过去。

"越城岭主峰——猫儿山——山海经第一山！终于要看到你的真面目了。"毛泽东喃喃地说。

采访视频观看入口

捡来的一级文物

　　自懂事起，我就知道，家里只有一本书，虽然是一本发黄的旧书，但是好像很珍贵的模样，因为只有在没外人的时候，父亲（李星庆）才偶尔拿出来翻看，每次看完，又把它收得好好的，从来不让家里的小把爷（桂北方言，小孩儿的意思）动。我一直以为，那一定是我们李家的传家宝，要不然父亲不会那么小心翼翼。

　　直到我十多岁的时侯，已经上学读书了，父亲才把这本书交到我手中，要我多看多学，说对我的学习有好处。我见书上印有"中国工农红军总政治部"字样，就问父亲，这本书是怎样得来的。父亲这才向我说起，在我出生前三年的某个早上在千家寺河边发生的事，书就是那天得的。得知了这本书的来历，我更把它当成了宝贝。

　　1964年，正是"四清运动"热火朝天的时候，一天，父亲被叫到大队部开了半天会，回来后对我说，工作队的侯队长在会上讲："听说，你们华江乡同仁大队杨田富农李星庆有一本旧书来历不明，如果不交出来，就是对抗'四清运动'。"父亲当场被吓得傻了眼，赶忙说我回去找找看。

　　工作队长侯壁接过一看，激动得不行，说这哪是什么"四旧"，分明是一本红军的书！于是把它交到县档案部门存档，后来又移交到了兴安县文物管理部门。

　　得知书被收走，我禁不住流下了眼泪。

1980年，溶江镇的镇长王宪民退休后在我家住了两天，白天和我们谈这本书，晚上写文章，说我们保存红军文物，做了一件大好事。我趁机向他提出请他帮我要回这本书来，他说试试看。但不久他就去世了。

1996年，县文管所的岳启海所长找到我，又从我这里拿走了三颗红军留下的手榴弹。原本还有点其他东西，父亲去世前曾告诉我埋藏的地点，但怎么也挖不到了。

老岳告诉我，李大环，实不相瞒，你老头子捡的那本是石印本《中国地理常识》课本，是中国革命历史上不可多得的宝贵文物。1933年，为了提高广大红军指战员对革命及全国形势的认识水平，由王稼祥任主任的中国工农红军总政治部编印了《中国地理常识》，发到当时中央红军各军连队以上干部的手中。全书共分四十一个章节，分别介绍了中国各省的基本情况，还配了一张分省地图，是一本通俗易懂的红色教材。

老岳还说，1934年12月5日，红军突破国民党设置在湘江的第四道封锁线后，红五军团来到华江的千家寺短暂休整，为翻越长征以来的第一座大山老山界做准备。那天傍晚，桂军一个团的追兵从小路绕过红五军团设在黄隘要塞的警戒阵地，突然袭击红五军团机关和后方医院等非战斗单位。红五军团的董振堂军团长、刘伯承参谋长率军团部杀出重围，撤退至同仁塘坊边、龙潭江一线，而后方医院的四百多名重伤员来不及转移，全部被桂军抓走了。

老岳说，六峒河对面住着的失散老红军刘华连，就是那个时候被俘虏的，被押到兴安后，可能看见他还是个小孩子，就把他放了。

老岳说，千家寺战斗过后，红军来不及带走的辎重装备、书籍文件、医疗设备等物资散落一地，被桂军集中在千家寺村前的华江河岸边，准备第二天烧毁。

第二天清早，我父亲早起到千家寺赶圩，看到华江河边有成堆的物品，乱七八糟地堆着，旁边没有人把守，就从中选了一些书和一些铁家伙，装了满满一担挑回家。读过几年私塾的父亲回家后经过翻阅，发觉这本书内容比较充实易懂，也有一定的实用价值，便珍藏起来。尽管国民党几次来收缴红军遗物，他都没有交出去。

县里搞红色文化研究的罗基富讲，由于当时《中国地理常识》印数较少，目前全国仅发现两本，具有极高的文物价值和历史价值，已经被确认为国家一级革命文物。

口述人：李大环，兴安县华江瑶族乡同仁村村民。

历史回闪

千家寺，六峒河边。

硝烟已经散尽。

朝阳似血，碧水南流，清凌凌的河水折射着令人眩晕的血色。

六峒河西岸边的一块空地上，堆满红军来不及带走的辎重、装备、书籍、文件、医疗设备。这些东西，即便是十万火急渡过湘江的时候，红军也没舍得丢弃。

负责打扫战场的桂军把战利品码在一起，便大摇大摆去吃早饭了。

同仁杨田人李庆星早起赶圩路过此地，意外地大捞了一把。李星庆是个胆大的人，看到河边有成堆的物资无人看管，便拣了几本书和一些铁家伙，挑了满满一担回家。读过几年私塾的李庆星回家后，发现其中一本《中国地理常识》有文字，还有图画，通俗易懂而且很有实用价值，便偷偷藏了起来。

几颗手榴弹在手里翻来覆去，捣鼓了好一阵，好像没什么用场，李庆星拎着它们走到屋后，在茅房边随意挖个坑，埋了。

李庆星万万想不到，他藏起的，是红军指战员们人人珍爱的稀罕宝贝。

1933年，由王稼祥任主任的中国工农红军总政治部编印了《中国地理常识》。书中明确了编辑大意：因为过去在红色战士的政治教育中，完全忽视自然科学的教育，红色战士脑筋中没有简单必需的基本科学常识，自然要阻碍对政治教育的接受，因此本部特编辑适合红军学习的各种自然科学常识，部队中应适当地去运用。

李庆星之前，桂军一二七营营长颜僧武已捡走几十本书籍，不过，他还没来得及翻看，就接到上峰命令：一律收缴。颜僧武认为《侦探须知》一书写得很好，向四集团军总部提议：稍加删改，把有关红军的词句删除，即可印发部队作教学用。上峰为了提防部队受共产党的影响，只当颜僧武放了个屁，没理他。

那些从江西一路肩挑背扛到广西的书籍，被一把火烧得精光。

喂奶

民国二十三年（1934），红军来华江的时候，潘家寨里已经没有几个人在家。能跑的能走的，都进山躲了起来，走得远的，躲到猫儿山的山那边，没想到，红军就是要去山那边。之前吧，乡政府的人四处放话，说共产党来了要"杀人放火"，所以听说红军要来寨里，男女老少都脚板抹油——躲上山了。

那年我刚23岁，带着还没隔奶的奶崽，还来不及上山，红军就进村了。

那天，有30多人来到我家，说要借宿。

我哪见过这种架势，怕得要命啊！

红军见我很惊慌，就和气地对我讲："表嫂，不要怕。"

我没敢作声。

红军问："表嫂，你喊什么名字？"

"黄月英。"

"我们是穷人的队伍，和贫苦穷人是一家人。"

见他们这么说，我心想，今天是躲不过去了，男人不在家，也没有别的办法，只好打开门，让他们进屋。怕啊，毕竟我一个女人家，还带着个嫩崽，拖着个酱油瓶，想跑都跑不了。心想这下难搞了！只有等到晚上，趁他们不注意的时候找机会跑吧。

他们进屋后，倒是很守规矩，不仅没有任何人到我内屋，还帮我扫地、拿柴火来烧。

见红军这样好，我便烧了水给他们洗脚，还烧了一大锅热茶。

有个瘦瘦精精的小红军病得不轻，什么也没吃，被抬进屋后就躺在草垫上没动过，同伴说他身上有伤，很重，因为没有药医治，已经化脓。小红军很虚弱，不时发出痛苦的叫声，着实让人听了心疼。我看他造孽，想帮帮他，但我也不懂草药，家里也没什么补品，于是挤出一杯奶水喂给他喝，晚上，又专门煮了粟米稀饭喂他。那点粟米，是我娘家拿给我的，之前一直没舍得吃。

那天夜里特别冷，他们有的就睡在屋檐下，有的在堂屋里打地铺睡，他们的被褥，都很单薄很破旧。一直有人在大声咳嗽。透过木皮，隔壁的呼噜声、咳嗽声一清二楚，只要稍微有点动静，我心里就会一惊，感觉心都要跳出来了，哪里睡得着，就那样整晚抱着嫩崽，坐在床头发蒙。半夜里，我听见隔壁有人起身走到火炉烧火，然后又起来几个，小声地说着话，想必是冷得睡不着吧。

鸡叫三遍，隔壁逐渐安静起来，只有呼噜声和咳嗽声特别清晰，我悬着的心终于放回了肚子，打消了连夜逃跑的念头。

我爱人不放心，半夜里摸回家来。听我说起红军的事，他说看得出，这些人好像没有国民党宣传的那么坏，我们先看看再说吧。我说，我一个人带着崽，家里来了这么多陌生男人，吓死了，你回来我就放心了。

第二天，小红军已经能站起来了，状态比前一天好了很多，我们本想留下他再调养调养，他却执意跟着队伍出发了。

哎呀，他那个样子我一直记得，走在山路上，左脚绊右脚、撩脚绊踉跄（本地方言，意思是走路的时候重心不稳，东倒西歪）的样子，看着让人难过。

我从火塘扒了几个红薯给他带着。山里人穷，能拿的也就只有红薯、芋头了。

口述人：黄月英，兴安县华江乡高寨村委潘家寨村村民。

历史回闪

猫儿山东麓。潘家寨村口。

一支红军队伍正沿着与乌龟江平行的羊肠小道向猫儿山走去。

乌龟江，发源于海拔2142米的猫儿山，是漓江上游的一条支流。华江境内有三条主要河流：龙塘江、杉木江和乌龟江，均发源于越城岭山脉，在雷皮州交汇后，蜿蜒流向举世闻名的漓江。今天，三条河流都迎来特殊的客人。

来到乌龟江的这支队伍，是红八军团之一部。他们毫无兴致欣赏漓江源头的美景，步履匆匆，风尘仆仆，只顾埋头赶路。

"表嫂，谢谢你们！"一个身材矮小、面黄肌瘦的小红军向黄月英两口子鞠躬道别，"再见了！表嫂，表哥！"

"小兄弟，你的病还没有好，还是别走了吧。"黄月英说道。

"不行啊，我留下来就找不到队伍了，我还要跟着队伍闹革命呢。"小红军说。

"那你站在这里等一下，我回家拿点东西，马上就来。"黄月英让男人拉住小红军的手不让他离开，转身跑进屋里，飞快地从火塘里扒拉出一堆红薯，用竹筐装好，又飞快跑到村口。小红军已经挣脱黄月英男人的手，跛着脚，一路小跑追队伍去了。

黄月英提着竹筐站在村口的石拱桥上，远望梯子岭方向。一阵山风吹来，她的双肩在微微抖动。

昨天，红军来的时候，潘家寨里已经没几个人在家。能跑的、能走的，都躲进山了。

黄月英带着没断奶的幼婴，还没来得及上山，红军就进村了。有三十多人来到黄月英家借宿。红军见黄月英很惊慌，就和气地对她说："表嫂，不要怕，我们是穷人的队伍，保证不会对你们怎么样。"

"就我一个人在家带崽。什么也没有。"她的声音因为恐惧而颤抖着。

"我们不要你家的东西，只是借宿。"领头的红军说。

黄月英只好把他们让进屋，但是心里还是怕啊，毕竟一个女人家。她心想今天怕是要遭殃！等到晚上趁他们不注意的时候找机会跑吧。

天黑前，黄月英去屋侧拿柴火烧火做饭，发现柴火已经被红军全部搬到屋檐下，码放得整整齐齐，家门口的地，也被打扫干净了。

红军进屋后，没有任何人到黄月英里屋去。

夜里，他们有的就睡在屋檐下，有的在堂屋里打地铺。黄月英见红军很尊重妇女，才稍微打消了跑路的想法，不上山去躲了。黄月英的男人不放心，趁天黑摸回家来，听黄月英说起红军的事，他说："看得出这些人好像没有国民党宣传的那么坏，我们先看看再说吧。"黄月英说："我一个人带着崽，吓死了，你回来我就放心了。"男人说："嗯，如果这些人不怀好意，我们就带着孩子连夜上山。"黄月英说："下午，住在塘坊边梁龙山家的红军把他家粮仓打开，把粮食全部分给村里的人了，还给我们家里送了一袋来。他们不但不要我们家的东西，还帮我搬柴火、扫地，你说怪不怪？"男人说："我也看不透。"黄月英说："给我们送谷子来的人说，他们的口号就是'打土豪，分田地'。"男人听到这里，激动起来，说："难道他们是专门来帮助我们穷人的？"黄月英说："你这样一讲，我越想越觉得他们是好人。"男人说："那我们别走了，就在这儿待着吧。你去烧点热水给他们烫下脚，等下再烧多点茶。"黄月英答应了一声，背着孩子出去了。

堂屋里，几个年纪稍大的红军围着一个小红军，神情着急。

"这个小兄弟怎么了？"黄月英问道，她看着虚弱、浑身发抖的小红军，母爱之心油然而生。那个小孩，最多十五岁，自打进屋以后就一直躺着没动过，黄月英早已看在眼里，之前感觉他蛮可怜，却不敢多问，怕惹来麻烦。

"他生病了，但我们没有药，"一个高个子红军答道，"已经两天没吃东西了。"

"你是不是饿了？"黄月英俯下身来，问躺在稻草上的小红军。小红军脸上毫无血色，干裂的嘴唇动了一下，没有说话。

"你们把他背到我火炉旁去吧，火炉暖和，我烧盆热水给他烫下脚。"黄月英说完，走到屋外抱回一大捆干柴，将火塘里的火烧得更旺。她走进里屋，想找点吃的，但家里也没什么滋补的东西，于是挤出杯奶水，端出去给他喝了。黄月英想起楼上留有一小袋做种的粟米，便煮了一碗粟米稀饭给他吃。

第二天早上一起床，发现小红军不仅能起来了，还正在劈柴，黄月英几步抢上前，夺过他手里的柴刀说："你身子都没恢复好，脚上还有伤，谁让你干活的？"

小红军说："昨晚的事情，同志们都和我说了，你们对我真是太好了。"

骡肉被抢了

1949年前，雷公岩附近的五岭背、龙坪坳、干冲口一带，住着不到十户人家，都是赵、冯两姓的瑶族人。五岭背住的是赵荣高、赵有棚、赵贵良三户，家在离雷公岩有一里多路的山坳里。这些瑶家人，直到五十年代初，国家搞土地改革，才从山里搬到山外的平地。

俗话讲"无山不瑶"，以前瑶家人都住在深山老林，过着刀耕火种的生活。因为山高路陡，基本没有农田，成天吃红薯、苞谷，一年到头吃不到几餐大米饭，日子清苦得很。

雷公岩上老山界那条石板路是湘桂古道，又窄又陡，到处都是悬崖峭壁，当地人把它比作鬼门关。

我麻（华江瑶语，对妈妈的称呼）喊赵良英，她和我讲，民国二十三年（1934）冬天，山外来了好多红军，从雷公岩过了起码三四天才走完。那些天，每天都是老北风吹着，早上起来到处都是白茫茫一片，山里的霜冻天气冷得很。

红军大部队进山前，有人来探路，请了我麻的哥哥（实为姐夫，华江瑶族称呼姐夫为哥哥）赵荣高带路，带到龙胜县江底后返回。寨子里的其他人都跑到深山里躲了起来，只有我达故（瑶族话，意思是外婆）一个人在家里。红军在我达故家里煮了饭吃，走之前还送了一坨骡子肉给我达故。红军对我达故讲，红军是穷人的队伍，喊她不要怕，不要躲。

　　过了一两天，山外头一个姓潘的，给国民党兵、民团带路，一路追击红军，他们在路上杀了些跑不动的伤病员，到百步陡后，大概看见那条路太陡太窄太难走了，才没再往前追，折回来的时候，姓潘的把我达故家的锅打烂，骡子肉也抢了。刚到嘴边的新鲜骡子肉，还没想好怎么吃，就被抢了，这让全家气愤了好久，直到多年以后，我麻讲起来，还有口气堵在胸口，让她咬牙切齿。"呸，姓潘的那个死人，把红军给我们的骡子肉抢走了。"

　　红军队伍大啊，他们走过去以后，路两边被踩光完了。

　　有蛮多红军死在路边。

　　我麻那时才十四岁，不敢克看（兴安方言，意思是去看），她姐姐比她大十多岁，胆子大，不仅克看，还和哥哥赵荣高一起帮着掩埋，回家还讲给我麻听。我麻讲，我的天呀，吓死个人，以后夜路都不敢走。

　　走日本（桂林方言，意思是躲避侵华日军）的第二年，我麻嫁来洞上村了。

　　口述人：赵坤辉，兴安县华江中学退休教师。

历史回闪

老山界上。

颜僧武率李军一二七团第一营也在继续向前追击。

刚追到百步陡就又受阻了。

眼前是横亘在去路上的一排高山，上山的道路陡峭逼狭，而且仅有一条道路，比山口险要得多，红军在山上扼守，不易接近，更无法攻上，只能利用森林和石山掩护，与红军对峙，互相射击。

下午，第一二七团团长史蔚馥率另外两营部队也到了。史蔚馥命人把颜僧武叫到跟前："颜营长，我看你和'红匪'打得热闹，情况怎么样？"

颜僧武回道："报告团长，'红匪'据险扼守，此地易守难攻，我一营已经猛攻两个小时，依旧毫无进展。"

"一营有伤亡不？"

"尽管'红匪'抢先一步占了有利地势负隅顽抗，所幸我营目前暂无伤亡。"

"刚才我仔细看了此处地势，因地形有所限制，不能使用较多的部队向山上进攻。"

"是的，听山上的枪声，估计'红匪'的后卫部队人数有限，据险顽固抵抗目的是拖延时间。"

"既然如此，你带一营继续进攻，另两营先休息，晚点看情况再说吧。"

"是！"颜僧武正欲转身离去，突然想起一事，又掉头回来，说："团长，从山口到老山界的战斗中，我曾亲眼看到在战场上被击毙的三名红军的尸体。"

史蔚馥说："就摆在路旁，瞎子都看得见！"

颜僧武："这次虽然没有经过激烈的战斗，但双方相互射击有三四个钟头，因在山林浓密的地区作战，没有时间去调查被打死的红军确切有多少，就一路追进山来了。"

"报告！"就在两人说话间，一个传令兵匆匆跑来，气喘吁吁地向史蔚馥报告，"后面……后面，雷公岩下，发现一个'红匪'军官。"

史蔚馥闻言，一把抓住传令兵的衣领，问："在哪？"

传令兵差点被拽倒，他晃了晃身子，努力站稳以后说道："在雷公岩，三十岁左右。"

史蔚馥说："雷公岩？下午我们经过的时候怎么没人发现？"

传令兵说："是民团在打扫战场、收容伤兵俘虏的时候发现的，那家伙躲在一块不起眼的石岩下。"

史蔚馥兴奋地说："好啊！"

自四日进到华江追击红军，他这一团虽然没什么损失，却至今尚无大的斩获，如果此时俘虏一个共产党的大官，岂不是老天有眼？想到这儿，史蔚馥猛地拔出手枪，指着山顶暴喝一声："兄弟们，给老子狠狠地打！"

少顷，山谷里传来一阵沉闷的回音。

救命的烂鼎锅

人年纪越大，越爱回忆，对过去越久的事记得越清楚，也越爱唠叨，贺仕荣（左）就是这样一位老人。她说，好多人从这里进龙塘江、雷公岩，重走红军路，他们都喜欢到我家来讨杯茶喝，听我讲红军的板路。

红军进山的时候我十五岁，虽然年纪小，不过也算懂点事了。

我娘家在塘坊边，衡阳会馆后面。塘坊边是华江同仁的中心，四面的青山围得像个铁桶一样，塘坊边就在桶底，民国二十三年（1934）红军一来，就在塘坊边安营扎寨，住下来休息。

头天已经来过一拨，没住。在村口问了路以后，打起飞脚（兴安方言，意思是走得非常快、健步如飞），朝龙塘江方向走了，听讲要爬老山界。

走在前面的队伍还蛮整齐的，到屋门口来讨水喝，讲话也蛮客气，基本很少有人进屋里来，大家都在匆匆忙忙赶路。后来，有实在饿得不行的，就来家里煮饭吃，吃完还给点钱。还偶尔有女人家背着小嘎崽（兴安方言，意思是小孩）夹在队伍里。

走在后面的情况就大不一样了，稀稀拉拉的，羊拉屎一样，东几个西几个。有些人拖着枪杆子，有的人肩上扛一杆红缨枪（梭镖），没精打采，穿的衣服也没前面队伍的好，破破烂烂的，还有些要同伴扶着走的伤兵员，走路也没什么精神。

后面那些人，看起来已经好久没吃过饭，个个像饿痨鬼的样子，进屋就问有没有吃的。我老子看他们那么饿，就赶紧烧火煮饭。家里也没几两米啊，红军队伍人又多，就熬一大鼎锅稀饭喽。也晓不得他们是不是真吃饱了，狼吞虎咽一顿后，就准备接着赶路，其中一个说："老表啊，还有一小半稀饭没有吃完，你干脆一好不如再好，能不能找个东西来，帮我把锅里剩下的饭装起。"

我老子问："你是要带走？"

红军讲："是啊，让我带走吧，有几个细伢子还没吃饭呢。"

我老子讲："要是要得，但是我也没得东西给你装啊。"

那个人拿眼睛在堂屋扫了一眼，看着洗脸架下面的大鼎锅讲："老表，你这个鼎锅已经缺了一个口，能不能把它送给我装饭？"

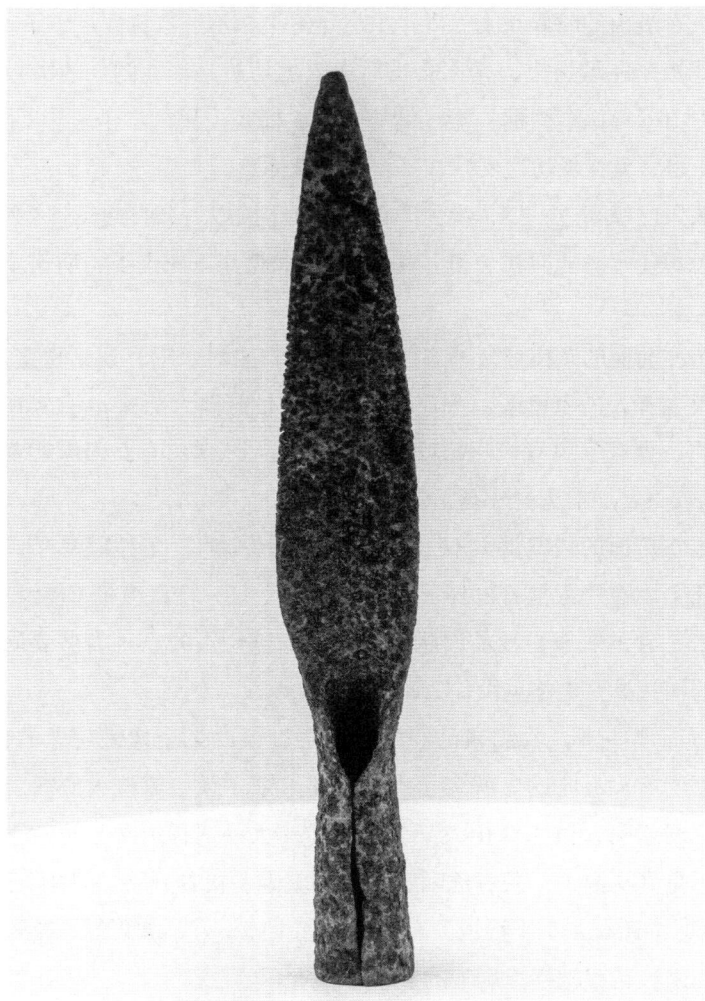

梭镖是早在原始社会就已经被人类广泛使用的投掷类武器，它曾是红军的制式武器，是军队的主战兵器之一。资料显示，中央红军长征出发人数86 859人，配备梭镖数量为6101支。

我妈妈在火炉里（桂北方言，意思是厨房里）听了这话，赶紧讲："这可不行，那口锅是我结婚外家给我的嫁妆，我现在还用它烧茶喝的啊。"

那个人面露难色，看着我老子不再讲话。

我老子就讲："要得嘛，反正也是个烂鼎锅。"

那个人讲："烂是烂点，我们用完以后送给炊事班长，关键时候这口破鼎锅还能救命呢。"

听到我老子答应了，那几个后生高兴得很，把稀饭腾进鼎锅，抬起就走。讲话那个人，可能是个当官的，他说："老表啊，谢谢你们了，你们一家是好人，等打赢了，我们再回来感谢你们啊。"

这些年，华江兴起搞旅游，好多人从这里进龙塘江、雷公岩，重走红军路，他们都喜欢到我家来讨杯茶喝，听我讲红军的板路。

口述人：贺仕荣，兴安县华江瑶族乡同仁村村民。

历史回闪

就着马灯和火把微弱的亮光，一支队伍正在水埠塘通往塘坊边的湘桂古道上游动。

这一支队伍约有四千五百多人。

山道弯弯，马蹄声声。

从衣着上看，是红军的服装，队伍里有提着马灯的、有举着火把的，远远看去，极像一条火龙在蜿蜒前行。

这"火龙"自三日午夜从枫木出发，几乎一路小跑着经社岭、蚂岭、白竹洞、过大鼻冲爬上西延界，进抵水埠塘后，只休整了半个小时就又上路了。水埠塘张家坪到塘坊边三叉田这段古道，虽然弯曲，但基本是盘桓于半山，相对比较平缓，中途要翻越的喇叭界海拔也算不得很高，所以，走起来并不太累。

这支匆匆赶路的队伍，是军委一纵队。

按照中革军委的部署，他们必须于今日拂晓前赶到塘坊边扎营。

"过了六峒河，前面就是塘坊边了。"瑶族向导老赵说。

"紧赶慢赶，终于在天亮前到喽！"紧跟其后的潘开文兴奋地说。他是红军总司令部的特务班班长，兼朱德的警卫员。"寨子里的瑶族都像你这样懂得汉话吗？"

"不懂得汉话，我们就不得下市镇去买东西。"老赵答。

"你的衣服同汉人差不多。"

"没有穿这衣服，我们就不得到市镇上去。"说着，提了一下他的蓝短衫。

"是的，我下午才看了一张团总的布告：照得山野村民，风俗鄙陋，往往奇装异服，走入村镇，实属有碍风化。以后瑶民，走入村镇，须穿汉服，违者拘缉。"

另一名警卫员提盏马灯走在潘开文和老赵后边，朱德和夫人康克清走在灯后。再后面，又是两名警卫员，各牵一匹马，因为夜间骑马不安全，朱德一路都是和大家一起步行。马肚子上吊着的马灯，一晃一晃，周围时明时暗。

"老表，你别走那么快，黑灯瞎火的，你该不是长了一双夜眼吧？"

"嘿嘿，我们瑶族人从小跟着大人在山上打猎，夜里捕寒鸡、飞虎，练出来的呗。"

"飞虎？是老虎吗？"

"不是，大概是你们汉人说的飞鼠吧，前爪下边有很宽的薄膜，能从一棵树飞到另外一棵树。"

"老山界有老虎吗?"

"老一辈讲有华南虎,反正我是没见过。"

"哦。"

"我一个塘坊边的亲戚倒是见过狗熊,不对!是被狗熊追过,就在你们要去的老山界见到的。那天他差点被狗熊抓死!那个地方喊作五岭背,嗯,你们翻越老山界的时候要经过,全靠他跑得快。跑得快还不行,你还得会跑。我们瑶家人都晓得,狗熊追来了要横山跑,你要横着过山,千万不能往山下跑。狗熊见你往下跑,就直接跟着你滚下去,它像个球一样滚,你哪跑得过它?所以要横山跑,或者爬到树上,狗熊不会爬树,它会一直在树下等着你,你只有和它拼耐心了。我那个亲戚,算是幸运的了,只是脸被抓坏了,破了相。另外一个人就没那么好运气,他爬到树上后,见狗熊伸出前爪想上树,抽出柴刀想砍熊爪,哪晓得刀没拿稳,掉了!他心里一慌,也从树上滚下来,那不正合适了?你晓得那狗熊饿了好久?几天后村里的人找到他,就只剩下几根骨头了。"

正说着,一条宽约三四十米的河流拦在前面。潘开文问:"老表,这条河水有多深?"

"现在是枯水季节,大概也就齐腰深吧。"老赵答。

这个瑶族老表,话不多,基本都是你问一句他才答一句,但是个热心人。

喇叭界上潘开文没看清路,脚下一滑滚到山道下面了,就在潘开文发出"啊呀"一声喊的瞬间,老赵已经调转身二话不说跟着跳下去,一把抓住潘开文的胳膊,把他压在斜坡上稳住,然后在另一个战士的协助下,把他推回道上。潘开文回头一看,哎呀妈!再往下滑一米,就是十几丈深的悬崖!

河上没有桥,大家只能从跳石上跳过去。

老赵敏捷地跳几跳，就过了河。接下来该潘开文了，不料他出师不利，刚过了两个跳石，就滚到河里了。眼前这一幕，朱德和康克清看得清楚，忍不住笑了起来。他们笑这个二十岁的小鬼，一本正经地数着数跳跃，"一二三"，"三"字刚落音，人也落下水了。

潘开文索性不着急上岸，站在水里一个一个搀扶着大家过河。

"哎哟！这水还真是冷哦！"潘开文下半身湿透了，冷得浑身发抖。到塘坊边后，看见村口有早到的战士围在一起烤火，他叫其他警卫员跟随朱德和康克清先进村，自己选了一堆人少的篝火，把衣服脱下，等烘干了再进村。

塘坊边，北距千家寺三公里，隶属华江乡同仁村，周围是崇山峻岭，森林极为茂密，是个敌机难以侦察到的山窝窝。军委一纵队决定在这里作短暂休整再向老山界开拔。之所以选择在这里休整，是因为一旦追兵来袭，只要往前经过江铺，就到了龙塘江峡谷，可以快速隐没入越城岭的茫茫原始森林。

据可靠情报显示，离塘坊边最近的敌军，是桂军夏威麾下的四十三师先头部队，他们已到二十三公里外的司门前。

梯子岭的冤魂

周继刚是1926年2月出生的，我在广西兴安县华江乡高寨村寻访到他的时候，他已经八十九岁了。老周讲，红军过华江那年，他已经有八岁，记得好清楚了。他说，我老人家什么都看到过，讲得出味道哦，你们想听什么？

那天，周继刚坐在自家火塘边，一边烤火一边娓娓道来。

罗主任，你年轻，晓不得啊，活到我们这个年纪的老鬼，都是吃过苦的。

年轻人不懂的，猫儿山梯子岭，有蛮多冤魂。

民国二十三年（1934）冬，天气蛮冷的时候吧，红军是清早从我们这里经过的，从两个方向过来，一路从资源岔岭那边过来，一路从水埠方向过来，他们从这里上梯子岭，去爬老山界。

红军穿什么衣服的都有，有些穿灰色衣服，有些和我们一样，穿青色便服，有些衣服裤子好破烂。看起来队伍里什么人都有。

有好多红军的脚被毒竹扦戳烂了，肿起像个馒头，有的已经化脓，痛得哭死老天啊！

造孽啊！

唉！

我看到对门那边有两个脚痛走不动的奶仔（兴安方言，意思是男孩或者男青年）在哭，哭得好厉害啊。他们走不动最后死在那里了，看起来才十七八岁啊！造孽啊！

唉！

红军来的时候大家都出去躲起来了。我和奶奶就躲在后山上。我们怕红军烧房子，家里红薯啊、苞谷啊都用东西盖起来。后来听人家讲红军不抓人不抓夫，奶奶才带着我回家了，回来守红薯啊，那是我们一家最重要的粮食啊。

红军到我家里拿红薯，给了铜元的。

红军队伍从村里过了一个早晨，上午十一点钟左右，国民党的军队就追来了。

国民党不管你三七二十一，杀了我们家一头猪，没给钱，全挑走了。

国民党沿途收缴了不少共产党的枪，把我父亲周善元抓去挑枪，翻老山界山后到了五排，父亲假装走不动了停下来透气，趁人不注意逃回来了。

当时，梯子岭那里死了好多红军。

湘江战役打得那么凶险没死，却在这个大山里死了，你讲冤不冤？

因为穷，村里的地主凑了些米给我父亲和叔爷，喊他们俩把红军埋了。我父亲捡了一把刺刀。后来，公安人员侯元华讲，你们哪个捡到共产党的东西要交出来。父亲是个老实人，就把刺刀交给他，他讲拿去桂林搞展览，之后，就再没见过那把刀。

我现在八十多岁了，这一生经历过太多事情。

民国二十二年（1933）民族起义，二十三年（1934）湘江战役，三十三年（1944）日军入侵，这些事情，我都见过。

日军入侵时，我们一家在外面住了好久，躲在外面时日本人没来，刚回来几天，日本人就从五排那边过来了，他们在高寨住了一夜，见东西就拿来吃。

我这个人，一生都没有遭过大劫，日本人来的时候，我父亲生病，我到外面请医生去了。日本人在这里抓了好几个挑夫，和我一样大的青壮年，村里有四个，其他三个都被抓走，有个叔叔回来的时候脸都脱皮了。我算是躲过了那场劫难。

口述人：罗基富，兴安县党史研究办公室原主任。

历史回闪

猫儿山北麓，大石坪。

红八军团的战士们浩浩荡荡地走在山间小道上。终于从猫儿山下来了，队伍里传来各种感慨的声音：

"总算是下到平地了！"

"昨天我的大腿痉挛了两回，要不是有身边的同志帮按摩缓解，只怕现在还在山顶。"

"你这算好的了，我走着走着，脚下踩空滑下山崖，还好被一棵大树挡住。我低头一看，吓死我了，脚下就是万丈深渊！好险。"

"昨天晚上又有骡马摔死了，你们知道吗？"

"怎么会不知道，没摔死的骡马在山下嘶鸣，听得人心里发怵。"

"唉，这条路太难走了。"

"以前打仗可没走过这么难走的路。"

"说起打仗，湘江这一仗把我们打惨了，这是什么军事指挥？"

"是啊，成千上万的同志就这样中途丧命！"

"毛主席从来没有打过这样的仗。"

"他们早就把毛主席排挤出军事领导岗位，而那伙人根本没打过仗。"

提到王明路线和他排挤毛泽东，大家更气了。

这条路依旧曲折蜿蜒，但和猫儿山的深山老林，和梯子岭、火烧坪、庵堂坪的悬崖峭壁比起来，眼前简直就是享受了。但毕竟是累了，不时有红军战士停下来，坐在路边，让肿大的双脚得以短暂休息。队伍拉得过长，走在后面负责收容的便问："还能走吗？"

战士回道："还能。"

收容队员说："还能走就马上起来跟我们走。"

沿路都有前面部队插立的标语牌，写着："同志们，前面不远就是社水，加油啊！"路越走越平坦了。

已是早饭时间，领头的干部干脆决定让队伍休息。"传令下去，部队就地休整，等一下后面的同志，炊事班到河边做饭。"

"报告！"就在这时，走在队伍前面的战士来报。干部以为有敌情，正要指挥大家准备战斗，小战士接着说："前面抓住了民团的人。"

干部问："是什么人？"

"征发队的同志在村里了解情况，得知村里住着一个乡长，和他当村长的老子。"

"哦，怎么抓到的？"

"我们去的时候，那父子俩正准备从屋后逃跑，人是抓住了，不过伤了我们两个同志。"

"怎么着，有枪？"

"有！打了起来，不过很快被我们制住了。儿子叫邹联督，正是这浔源乡乡长，老子叫邹今魁。据邹联督交代，他四号就奉命带着民团守在白茅坳拦截红军，打伤了不少红军。他比较鬼，五日早上听到枪声不对，便偷偷从白茅坳一侧密林间溜下了山，回家拉上他老子，躲进老山界腹地金鸡湾来了。他说，要不是他跑得快，昨天早上就被红军俘虏了。"

"他没想到，今天还是没躲过去啊！对了，看来一军团已经从白茅坳过去了，我们得尽快追上。"

"是！我们排长说，这两个人快要死了，让我来请示……"

小战士话还没说完，看到干部已经出去了，他连忙跑步跟上。

神秘守墓人

　　我父亲邹日明是失散红军。

　　红军抢渡湘江后，进入华江山区，李军还在屁股后头紧咬不放，一次战斗中，父亲受伤掉了队。

　　湘江战役打得很激烈，双方死伤无数，还有很多红军伤员缺乏治疗，带伤急行军后，走到这里伤口就化脓了，有些实在走不动的，就只好流落当地。运气好的，得到了老百姓的救助，运气不好的，就靠乞讨为生。

　　造孽啊。

　　那几年，很多"江西老表"来讨米讨饭，有人问起，他们都说是家乡发大水遭灾，过不下去了。

　　父亲不太爱说。他越不说，关于那段历史，我们兄弟两人就越感兴趣，问了很多人，每次看到相关的文字或电视，都特别关心，不过能了解的还是太少了。

　　1934年12月4日，彭老总的红三军团首先进到华江锐炜、千家寺，第二天经过枫木坳，到达洞上。为了保卫翻越老山界的红军主力，防止李宗仁、白崇禧部队从左侧进攻，他们要从老山界脚下绕过去。洞上是必经之路。在得知一股桂军从溶江司门经滑石堰、小河向洞上偷袭的情报后，立即派出一个团前出，在距离洞上村三里的老草岭上构筑工事，阻击桂敌。

双方激战到晚上，红军退守洞上，随后经过土江，急行军到达和龙胜县交界的金石乡，去追赶红三军团主力。

父亲讲，那一仗打得非常激烈。

负责断后的红军损失很大，离开前，在洞上盐里江村留下十名重伤员，委托村民邓启禹等人进行救护。没过多久，其中八人因伤重先后牺牲了。我父亲和另外一个人幸运地活下来了，还和村民一起把牺牲的战友埋在盐里江。

伤好以后，父亲曾经想自己走回老家去，但是身无分文，又人生地不熟，加上不放心把那些牺牲的兄弟们留在外乡，离开华江不久，又靠一路乞讨返回来了。

为了保护战友坟堆，方便祭扫，父亲特意在战友的墓旁建起小土地庙，在那儿住下来。

父亲经常一个人坐在战友坟堆前，除草，沉思，一坐就是半天，为了不引起注意，总是躲躲藏藏。

父亲很少进村，总是躲着人，实在躲不开了，和人相遇也很少讲话。大家都觉得他有古怪，但又说不出有什么问题，对这个神秘的外乡人既警惕又好奇，总有人有意无意地靠近他，想看看他在干什么。最后发现他只是像个傻子一样呆呆坐着，手里的棍子在地上胡乱画着，画得像地图，又像一道道符，大家就觉得这不过是个打仗吓傻了、精神不正常的外乡人，久而久之，就不再理会了。父亲说，这样也好，他反而安然了。

1952年，母亲陆志美看他为人正直，又是失散红军，就嫁给了他。

我出生以后，父亲给我取名明远，大概是希望我以后能走得更远。

由于家里穷，更主要是为了战友墓不被破坏，父亲一直没为战友坟墓立碑，直到2011年7月14日，兴安县人大常委会副主任吴海峰带人来到盐里江，在我兄弟俩的指引下，找到杂草丛中的烈士墓，才为

红军無名烈士墓

興安縣紅色旅游办立

77年后，盐里江的无名红军烈士墓，终于有了墓碑。吴海峰摄。

他们树起了墓碑。

前些天在电视里看到一句话，"你的名字无人知晓，你的功勋永世长存"，用在这些无名烈士身上，再合适不过了。

口述人：邹明远，兴安县华江瑶族乡洞上村委盐里江村村民。

历史回闪

虽然天还没完全开亮，但起伏的山峦逐渐清晰起来。

时届冬季，老草岭已是一片层林尽染的冬日景象，北风拂过，干枯的树叶和残枝哗哗地落下。

山林里，低洼处的白霜还没散尽，匍匐在掩体后面的战士衣着单薄，握枪的双手早已僵硬，战士们便不断朝双手哈气，以暂时缓解寒意。

二营的战士一直死守在老草岭阵地。但是，从昨天到现在，连一个桂军的影子都没看见。二营长觉得有些口干舌燥，便从背靠的三角枫树干上拔出棵寄生的野草，去掉略有些泛黄的叶片后，放在嘴里嚼了起来。"你说，白军到底来不来？"见到副营长，他张口问道。

副营长刚从山下的鲢鱼峰阵地巡视回来，还没缓过劲儿，大口喘着粗气说："团长交代过了，不管有没有白军来摸营，都要等到上面的命令才能撤。"

二营长说："这我知道，我是说这么干等着多无聊，同志们昨天把阵地的工事做得这么完美，不给桂军吃点苦头太可惜了。"说完，他放眼望向山下。

山下，狭长的川江河似一条白色的飘带，在晨曦中泛起粼粼波光，挂在绵延不尽的崇山峻岭间。

川江河从老草岭附近的鲢鱼峰山脚经过，河边那条小路，是老草岭人进山出山的必经之道。

湘桂古道从千家寺穿过数重山岭而来，在盐里江分叉后，走向不同的方向：向南，经过洞上沿着这条小路往南直行，就可以通向小河村，然后走到司门前去往桂林或者兴安；向西，经土江、毛岭脚，翻过大风坳后可进入金石、河口地域。

"白团长说，我们红三军团主力已经到达中洞，是么？"副营长的话打断了二营长的思绪。

"是的，前卫团已经前出河口地域，我们十五团，是全军团留在洞上的最后一个团了。对了，一营好像昨天还在千家寺，不知道现在归队了没有？"

"我问过白团长，他说已经失去联络。"

"应该不会有事吧？"

"但愿不会有事，估计师部留下我们十五团在这里，目的一是迟滞追敌，二是对一营有个接应吧。"

二营长说完，右手下意识地握紧了驳壳枪。他隐隐感觉到，桂军正在悄悄向老草岭靠近，而且，他预感到这是一场需要打起十二分精神来应对的战斗，因为，不知道擅长山地游击的桂军会在什么时候从什么地方冒出来。"传令下去，叫所有单位做好战斗准备！"他斩钉截铁地下了命令。

前后夹击

老草岭前面的河喊川江河。川江河从老草岭附近的鲢鱼峰下经过，河边的小路，是老草岭人进山出山的必经之道，国民党、共产党、日本兵都走过。

从千家寺过来，首先经过洞上，再到老草岭，沿着这条小路继续往外走，就可以到达小河村，再走，小半天工夫就能走到司门前。到了司门前，就等于走出大山了，往北去兴安、去湖南，还是往南去桂林，都不远。从山外进洞上村有两条路，一条是从司门前走到华江千家寺，转道坪水江后到洞上；另外一条是直接从司门前沿川江河走小路经过小河，然后到洞上。

听我爹爹讲，当年有一支红军（红三军团）是从千家寺经枫木坳、坪水江到洞上，然后过盐里江、土江，翻越大风坳往金石、龙胜方向去了的。

为防止桂军进山袭击，一小股红军奉命到老草岭打阻击。

那天早上，有九个红军在我家里煮饭吃。是煮猪肉吃的。班长喊大家多吃些、吃饱些，说当兵的吃一餐算一餐。果然不错，他们到屋后鲢鱼峰山顶，晚上下来就只剩五个人。另外四人在山上被打死了。唉，四个早上还活生生的人啊，连名字都还不知道。

爹爹讲，通往鲢鱼峰顶的小路都有红军把守，对面山高林密，没有路，就没安排人去守，不料就这一下大意，让红军吃了大亏。桂军从正面打了很久，还是没办法攻下老草岭，他们就想到了对面山坡，于是派人绕了过去，朝红军背后开枪。红军腹背受敌，所以就牺牲了几名战士。打仗和打猎一样，大意不得，一旦被前后夹击，腹背受敌，十有八九得遭殃。

几个红军急匆匆地下了山，找到我爹爹，和他说了些什么然后就离开了。爹爹随后找到二爹爹，不久，二爹爹扛着锄头出了门。

"你二爹爹悄悄咪咪上山，是去埋人，当时我们没敢告诉家里，过了好久以后才说的。"

一次，爹爹带我上山砍柴，他指着一个土堆，说先莫砍柴火，你过来，我告诉你，看见这个土堆了吗，就是你二爹爹埋红军的地方，四个，四个都埋在这里。

爹爹还说，他曾经在老草岭捡子弹壳卖，那些收破烂的最喜欢，总能给个好价钱。好多年前，我在门口捡到两个手雷，上面有一个五角星，五角星中间有镰刀斧头图案。手雷像是生铁做的，放了好久都不生锈，后来不知怎么搞烂了一个，当废铁卖给了合作社，七八毛钱一斤卖的。

2013年4月，县政府来人帮红军立了墓碑。四块墓碑上都没有名字，只刻着同样的字：中国工农红军之墓。

口述人：廖先章，兴安县华江瑶族乡洞上村村民。

历史回闪

"老廖！老廖！"

老廖隐约听见有人在喊自己，仔细一听，那个声音好像又没有了。

老廖正在屋后的竹筧边磨斧头，趁天气好，他打算上山里放倒几棵椎树，待冬雪过后看能不能收获点香菇。香菇是山里人冬天最好的山珍，老廖一家特别好这口。他打算把树放倒以后，再挖几条冬笋回来，晚上送给红军战士们尝尝鲜。从老草岭引来的山泉水从竹筧哗哗流下，流水声盖过了屋外的喊声。

"老廖！老廖！"

屋外的喊声越来越近，老廖终于听清有人喊自己，他放下斧头，三步并作两步来到家门口。

老廖看见眼前几个红军血肉模糊、衣衫破烂的样子，顿时傻了眼。早上出去的时候，年轻的战士们还是活蹦乱跳的，回来的时候，几乎认不出谁是谁了。

"老廖，我们吃了大亏了，"领头的班长见老廖呆若木鸡般地站在竹篱笆旁，走过来扶住他的肩膀说，"这一仗，我们班牺牲了四个同志。白军太狡猾了！"

"哦？"老廖脸色铁青，几乎站立不稳。山里人冬季上山围野猪，有时会因为猎枪走火误伤同伴，严重的时候也会见红，也会死人，但最多也就一个，现在一下就死了四个，四个！活生生的生命啊！"造孽啊！"老廖哭了起来，虽然接触才两天，他已经和这些与自己儿子差不多年纪的小孩们有了感情。

他突然想起，早上其实已经有了不祥的预感。

"大家多吃些，吃饱些，当兵的吃一餐算一餐，吃完这餐，不知还有没有下餐。"早饭的时候，班长对围在一起狼吞虎咽的战士们说。

"别急，别噎着！"老廖一边往火塘添柴一边说，"你们这是有多久没开荤了啊。"

"是啊，不记得有多久没吃肉了。"

锅里煮的猪肉是一个战士从洞上村送来的，送肉的战士说，他们在洞上打了个土豪，分了土豪的粮食给村里百姓，还杀了土豪的猪分给大家。

当时听班长那么说，老廖就觉得不吉利，果不其然，早饭后九个人上鲢鱼峰打阻击，回来的时候就只剩五个。另外四个，永远留在山上了。

"老草岭主峰有营部在把守，鲢鱼峰山顶到山脚的小路也有我们的人把守，侧面山坡因山高林密没有路，就没去守，"班长懊恼地说，"桂军打了很久没有打下老草岭，后来，他们一边在正面佯攻，一边派人在向导的带领下绕到了侧面山上，在我们背后偷袭。结果……"班长说到这里，哽咽着说不下去了。

副班长从口袋里掏出两块光洋，对老廖说："廖大伯，我们要赶路去金石了，留在山上的兄弟，劳烦你安排人帮埋一下。"

老廖说："事我可以帮做，但这钱我不能收。"

副班长说："事一定请你帮做好，钱也请你收下，要不我们走得不放心。"

老廖这才接过钱，说道："那我叫老二去办，他力气大，胆也大。"

副班长已经走到门口的歪脖子李树下，又折返回来交代老廖："廖伯，这两天给你添麻烦了，你家老二去山上做的这事，务必不要声张。"

老廖应道："你放心走吧。"

副班长向老廖深深地鞠一躬，转身去追赶队伍了。

十几条人命啊

老草岭上阴气重，如果不是非去不可，我们基本不上山。当年在战斗中阵亡的红军，就散布在岭上岭下，只有几个土堆，每个堆里至少安葬了两名红军烈士。

我们好小的时候就听老一辈说，红军打仗个个都很英勇，顽强地击退了国民党军队的数次进攻。桂军见久攻不下，就调来援军从另外一个山头扫射，红军没地方躲避，才被打死了那么多人。

一次就死了十几个啊！十几条活生生的人命啊。

其实，老草岭由几座低矮的土岭组成，根本无险可守。

这些事情已经过去几十年，那些晓得当时情况的老人家大部分都过世了，知情人不多了。因为是当地人，从小听到老人家讲起，我才略微晓得点。

2011年7月14日，县人大常委会副主任吴海峰带领红色旅游办公室、华江瑶族乡的工作人员来到洞上村委，因为我在村委任职，和吴主任是老熟人了，见了面，吴主任简单打过招呼后说："周增斌，这次来的目的已经在电话里说了，你有空陪我们去吧？"我说："你吴主任大老远从县城赶来了，我没有空也必须有空啊，何况是为红军立碑，是大好事。"那天，我们先为老草岭上最具代表性的两座无名红军墓立了碑，然后又去盐里江，找到失散红军邹日明的儿子邹明远兄弟俩，在他们的指引下，重新修缮了盐里江的烈士墓，并立了墓碑。有了墓碑，

周增斌（右）和失散红军邹日明的儿子（左）为无名红军立碑。
吴海峰摄。

这些无名红军的英魂总算可以安息了。

口述人：周增斌，兴安县华江瑶族乡洞上村村民。

历史回闪

几公里外，红十五团政委罗元发领着队伍在盐里江通往大风坳的山道上疾行。

参谋长何德全一路小跑，追了上来。

"老何，辛苦了！"罗元发停下脚步，等何德全一起向前。

"不辛苦。"何德全答道。

"都安顿好了吗？"

"安顿好了，一起十个伤员，盐里江的乡亲们都很善良，特别是得知邓启禹带头领养伤员后，其他村民也都愿意收留，还说会上山采草药为同志们疗伤。"

"那就好，伤得最轻的那位同志叫邹……"

"邹日明。"

"对！就是他，他的情绪怎么样？"

"我向他解释了团里的决定，他原本可以继续跟队伍走，但是留下那么多伤员在这里，团里有些不放心，希望他能留下来一边疗伤，一边照应其他同志，他听了我的解释以后就放下包袱了。"

"老邹是老同志，应该能理解团里的良苦用心。"

主席的欠条

有故事的是我奶奶赵四妹，但是，这个故事——"主席的欠条"——只能由我来讲。奶奶已经去世多年。

这是奶奶亲口和我讲的。

我们家住在白岩江巽江岭，一个人口不多的小瑶寨。

1934年12月初，一队队红军从千家寺出发，路过巽江岭时，都在讨论着要翻同仁村的古牛岭，出天子巷，再翻过鬼门关老山界到塘洞去。

那天中午，几个红军来到我们家，在堂屋火笼边坐下，其中一个瘦高个像是有病，没什么力气讲话，奶奶听旁边的人喊他"主席"，对他特别尊敬，才晓得他是个官。见他们又累又饿，对瑶民又很尊重，奶奶就主动提出煮饭给他们吃。

见他们答应了，奶奶就准备动手，这才想起没有下饭的菜。

农村人嘛，招待远客没有菜怎么行？

奶奶说，她见那个当官的有病，便把屋里养的唯一一只母鸡杀了，炖了一锅汤给他们喝。

奶奶说，临走时那个叫主席的人写了一张字条给她，条上写着：

瑶族老乡赵四妹在我生病时把家里唯一的母鸡杀了，还招呼我们吃饭，鸡钱饭钱在这里写欠条欠下，以后由各级人民政府补付，请人民政府照顾好这样的好人。

我母亲赵桂英在世的时候告诉我，奶奶把欠条视为传家宝，一直珍藏着，还拿出来给她看过几次，说以后交给她保管。后来，奶奶突然间去世，来不及交代欠条藏在什么地方，家人翻箱倒柜，屋里屋外找了个遍，怎么都找不到。

当年红军离开几天以后，家里人才发现，我的二爷爷竟然不见了。兵荒马乱的，家人急得团团转，千家寺、军田头、白岩江、同仁，能想到的地方来来回回找了个遍，连个影子都不见。邻村的人说，莫找了，已经走远了，有人亲眼看见他跟着红军队伍走了。家人着急地问，跟着红军去干什么呢？邻村的人说，你没看见吗，千家寺的墙上有标语写着，当红军有田分。又问，会不会是被抓去的？邻村的人又说，是你家老赵自愿的，听说他是去帮红军做挑夫，也有人说他参了军。二爷爷到底怎么了，成了个谜，因为他这一走，就再也没回来，从此杳无音信。

口述人：赵军，兴安县华江瑶族乡千祥村委会主任。

历史回闪

成功偷袭千家寺后，梁津奉命率桂军一二九团沿高田、白岩江、洞上一线追击红军左翼。

山高林密，一路无所收获。

到营地宿营后，梁津和副官坐在川江河边闲扯。副官说："团长，你听说过川江的一句俗话不？"

梁津接过副官递来的香烟，点燃，慢条斯理地深吸一口，吐出一个连环烟圈，又将其吹散，这才慢悠悠地问道："什么俗话？"

副官说："六峒的姑娘，不如川江河的嫂；川江的茶叶，不如六峒河的草。"

梁津说："六峒茶原来是产自华江的啊，之前在桂林盐街上见过，不过我还没喝过，你小子昨夜咋不搞点来孝敬老子？"

副官说："团长你放心，'川江河的嫂'我是没办法弄给你，但六峒的茶叶已经给你备好了，保管是上好的谷雨茶，等下我就去烧水，给你泡一壶。"

梁津说："六峒茶有什么讲究？"

副官说："相传六峒茶在清代曾作贡茶，贡茶的叶子久煮不烂，茶水一周不馊，水色呈金丝黄而透明。用'老鸦唶'的井水烧开冲茶，揭盖后，水汽上冲，久久不散，形似凤尾，缭绕而上，一屋清香。"

副官的一番话，让梁津刮目相看，心想这个五大三粗的俗物，什么时候对茶叶这般有研究了呢？他不知道，副官打听到团长就好这口，部队在兴安集结的时候，便偷偷溜到县政府托人讨了几两上好的六峒茶，正等合适的时机讨好他呢。

梁津哪知其中奥妙，被副官这么撩拨，但觉胃里馋虫涌动，奇渴难耐，便吩咐道："哎呀，老子连日奔波，竟已数日没闻茶味了。赶紧烧水，泡壶茶提提神。"

副官答道："是！"

两人正说话间，通信员一路小跑而来，给梁津敬了礼："报告！"

"说！"梁津眉头一皱，大声说道。

"报告团长，是三营营长黄玉超来电。"

闻言，梁津大步走向指挥所，接过接线员递来的电话。

"报告团长，据瑶人密告，前面一处岩洞中躲藏有溃散的红军三十余人，如何处理，请指示。"黄玉超在电话里说。

梁津心想："我昨天不战而诱致红军落伍战士数百，区区三十余人，不是照样也可以劝降？"于是命令黄玉超："你率领两个连到岩洞附近守着，然后派人到洞口好言相劝，让他们出来投降，尽量不要动武。"

得到团长指令，黄玉超把一个连副叫到跟前，命令道："老吴，你带上几个士兵，去洞口试着劝劝看，喊他们出来尽快缴械投降，免得到时候枪炮不长眼。"

谁知道，红军指挥员不仅不吃这套，竟然还发令开枪射击，当场将吴姓连副击毙在地，还打伤了三名桂军士兵。

黄玉超见此情形，大怒，于是指挥士兵围攻。

一时间长短武器齐发，岩洞口瞬间硝烟弥漫。

洞内的红军战士也不甘示弱，借助洞口的岩石掩护，朝洞外猛烈开火还击，一直将子弹打光，眼看无路可退，这才投降。

梁津杀气腾腾地赶到，见红军的枪械已悉数集中起来，他命人将红军指挥员押到跟前，心想老子派吴连副来劝降，竟然被你一枪干掉，老子也不能便宜了你。想毕，拔出手枪，狠力扣动扳机。

"砰！"

一声枪响，红军指挥员的身子晃了两晃，扑通一声栽倒在地。

老子的心病

父亲将红军送到两渡桥的第二晚，狗一直在屋外狂吠，赵良英（与《骡肉被抢了》口述人赵坤辉母亲同名）出门唤了多次无果，全家人不由得紧张起来，便由父亲去看。父亲领回一个在外坐了一晚的失散红军，母亲连忙为他煮了仅有的几个鸡蛋，还烧水给他洗澡。他说，今夜我在这里好安然啊。他还说，我已经饿了几夜了。良英问，饿了几夜？他说，三夜，实在饿得不行，我就喝一口水。第二天一早，父亲把连夜抓好的饭团装好给他背上，一路送到几十公里外才回来。那年，良英11岁。今年，良英98岁。

我是民国十二年（1923）十二月十七日出生的，今年（2021）98岁。

我的父亲给红军带过路，他喊赵金床。

红军来千祥村的时候，住在瓦窑面、军田头、千家寺一带，那时候我们家还住在包岭。

那天夜里，我表叔冯慈生从瓦窑面搭信进来，喊我父亲去他家开会，说红军来了，正召集人开会。

父亲听说红军来了，高兴得很，要去看看。但是，面对漆黑的山岭，他有些发愁，说这么晚了一个人怎么去啊。我妈妈就讲，你莫怕，我帮你把火把烧起，你拿火把照着去。

村里有个喊赵良德的甲长，比我父亲年轻，胆子也好。我父亲把他找来，说："良德，你陪我到外头瓦窑面住克。"良德也有些怕，讲："我还是莫去了吧。"我妈妈大概猜出他是怕红军，就为他打气，说："你和叔叔一起去，两个人有个伴嘛。"

妈妈从菜地收回种豆角用的竹竿，锤破，做成两个火把。为防止半道熄灭，又加了些枞膏。

临出发前，父亲讲："还是有些怕，都讲界高头（桂北方言，意思是岭上）有老虎，万一它坐在路上，不是要吓死我们。"

良德讲："那我回家背上鸟铳，真有老虎，就一枪打死它。"

父亲讲："不太好吧。"

两人一边说，一边出了门。

冯家已经聚集了蛮多人。他们家房子大，住了不少红军。

红军领导说："我们找不到去金石的路，希望你们哪个帮忙带路。"

大家都说找不到。

父亲站了出来，说："我去，哪有找不到的，话生在嘴上嘛，找不到我就一路问。"

红军领导讲："好，好，有你去就好了。"

一个姓郭的副团长很关心瑶族，问大家生活过得怎么样，能不能吃饱饭，交不交税。还说红军是穷人的队伍。郭副团长听说良德家里生活很苦，吃的是红薯、苞谷，一家六个人没有衣服穿，就送给他一丈二尺布。他们吃瑶民家的红薯、苞谷都给钱，还讲革命成功以后再来报答。

夜饭吃得很晚，红军领导提醒大家："明天早上我们要起早的哦，天不亮就吃饭，吃饭以后马上就走的哦。"

红军说他们是先头部队，山外还有一群人也准备进来。晚餐后，他们架起电话，这边的人问，你们到哪里了？那头的人答，我们到了山脚。这边又问，今夜到不到得了这里头？那边答，来不及了，我们还没吃夜饭呢。这边又讲，你们明天早点进来。

父亲后来和我们讲起这个事，觉得不可思议。他讲现在好怪哦，两人相距几十里，讲话却朗朗然然听得见，这莫非就是无线电？

第二天，父亲迷迷糊糊中听到有人在喊："起床了，饭煮好了！"

有的战士讲还没睡醒。

父亲晓得，他们是走得太辛苦了。

直到一声哨响，大家才赶快爬起来。

部队从瓦窑面、军田头、千家寺出发，经过洞上、川江，翻过大风坳，过了金石，到了溶江两渡桥，到了做午饭的时间。父亲和红军领导讲："我吃了饭就先打转回去一趟，昨晚出来的时候，不晓得要出远门，走得急，一件换洗衣服都没带，要走远路，还得换一双布鞋。"

"那你拿了衣服一定要过来，前面的路还要你带。"红军领导写了张纸条交给父亲，一再叮嘱他。

"好的，你在这里等我就是。"

回来的路上，在包岭河的界上遇到一队大兵（桂军）。

大兵抓住父亲问："你是红军？！你是红军？！"

父亲不知怎么回答。

大兵又厉声喝问："从哪里来？！从哪里来？！"

"什么红军？我认不得。你看我这个样子，哪里像红军？"父亲讲，"你看我穿的这两件衣服，凉薄的，你看我脚上的草鞋，什么红军我不晓得。"

"那你做什么往这里来？"

"我是去山里打广子石的嘛，我回家拿东西。"

那天，父亲的应变能力还可以。

"你家在哪里？"

"就是山脚底那个村嘛。"

"哦，这样……你多大了？"

"今年六十了。"

一起被抓的还有我一个堂哥。

大兵指着他们俩说："那你们就帮挑东西吧。六十岁的挑六十斤，二十岁的挑二十斤。"

堂哥说："我帮叔叔挑，叔叔帮我挑吧。"

大兵说："不行，你挑你的二十斤，他六十斤自己挑。"

父亲担心身上的字条被发现，于是假装肚子痛："我要解手了。"走到一边的树林，正准备摸出字条来，发现有个大兵跟在身后，只好作罢。

晚饭以后，村里的新田伯伯过来串门，讲今天山外面在开仗。

"嚯，那一定是我们带路那群人哦，"我父亲赶紧问，"在哪开仗？在哪个方向？"

"站在地上看不清楚，我爬到树上去听，好像是兴安那边。"新田伯伯说。（枪声应是来自千家寺、瓦窑面一带。当日，桂军偷袭了驻扎在该处的红五军团。）

我父亲听了这个情况，后悔地拍着胸口讲："害了我了，今天真不该回来，他们没得人带路怎么办哦，我讲了要去的，现在失信了。"

没接着给红军带路，成了我老子的一块心病，见人就讲："害了我了，我不该从两渡桥回来的。"

一天晚上，家里来了个走散的红军伤员。

他是沿六峒河进山的。进山前，因为白天不敢走，他在香火潭坐了一天，等天黑了，才从界上爬过来。

那夜，狗一直在屋外狂叫，我出门唤了多次，每次等我回屋，它又叫起来。联想到父亲被大兵抓住的事，全家人不由得紧张起来。我和父亲讲，你去看看，我去喊了这么多次，它还这样。

见狗不叫了，父亲准备回屋睡觉，突然发现有个脑袋从厕所那边伸出，朝这边张望，父亲问："你是哪个？在那个地方蹲着。"

"伯伯，我想到你这里弄点饭吃，"红军有气无力地讲，"我饿了。"

母亲连忙煮了仅有的几个鸡蛋，还烧水给他洗澡。

"今夜我在这里好安然啊。"

父亲给他找了套衣服。等他洗好澡，坐在一起烤火，红军讲："我已经饿了几夜了。"

我问："饿了几夜？"

红军讲："三夜。我走错路了，是随河进来的。我在潭边坐了一天，实在饿得没得法，我就喝一口水。"

妈妈帮他在厢房楼上开了个铺，让他睡在楼上，父亲叮嘱他上楼后把楼梯收上去，免得有人爬上去发现。

妈妈要帮他把换下来的灰色军装洗干净，他摇着手说，莫洗莫洗，明天一大早我就要走的。父亲说，那就莫洗，给他带着，路上好有衣服换吧。

听讲红军第二天一早就要离开，父母又为他担忧起来。妈妈讲：

"那怎么办，我们家什么都没有，拿点什么给他在路上吃呢？"

父亲问："家里还有糯米没有？"

"粟米糯还有点。"

"粟米糯要得，你煮一锅，给这个同志带起走，不然路上又挨饿。"

鹅蛋这么大个儿的饭坨，抓了好几个，放在火炉边烤到带点金黄后，我们才歇。

第二天老早，天还没完全开亮，妈妈听见隔壁有响动，一翻身爬了起来。她以为自己睡过了头。

原来是红军正在烧火。

他讲："我得趁早走，天亮了容易被发现。"

草草吃过早饭，父亲把粟米糯装进网兜，给他背上，一路送到几十公里外的深渡。过了河，天也亮了，红军讲："后面的路不用你送了。"

"你要小心哦，走路的时候要看远点。"

"我告诉你，我有床小席子，来的时候藏在界脚底的潭里，用一块石头压着。"红军讲。

过了两天，妈妈借捞鱼仔的机会找到席子，卷成一卷插在鱼篓里带回了家。路上被昌四哥看见了，昌四哥讲："我前几天在千家寺也遇到了那些人，队伍蛮大，吓我一跳，他们穿得破破烂烂的，有些人的草鞋已经烂完了。我还问，你们到哪里去？他们讲要去爬山。晓不得他们要去爬哪座山。我看了一眼自己的布鞋，和一个穿烂草鞋的讲，你们的鞋子这么烂，要走那么远的路，造孽啊！"

席子拿回家不敢晒，偷偷放到屋后的木皮上凉干，也不舍得用，就一直藏在装衣服的木桶下，上面用衣服压着。

1949年，我们一家搬到了水埠塘，这才知道，当年有红军到过这里，还留下一些故事。当时，有十二个红军重伤病员死了，村民自发把遗骸收拢到一起，集中掩埋，在坟前放了一块石头，算是标记。掩埋红军时，有人在一位战士的衣兜里找到一张红军证，名叫陈玉春，这是唯一一位知道姓名的战士。

1956年，"四清运动"工作组了解到这件事，让一个乡干部找到我父亲。那晚，他们在我家一边喝酒一边聊。那人拿出一张纸说："金床叔，我这里有张字，你看看嘛，上面喊修红军墓，总要有个地方下葬啊，不知道哪个地方好？"

我父亲说："好地方是有，就是远得很，不过，既然是红军墓，还是要给人看得到的地方才好吧？"

干部说："有道理，放哪里呢？"

父亲说："地方是有一个，绝对是我们水埠塘的风水宝地，又望得远，就是地里石头多，不晓得挖得下不。"

最终，他们真选中了父亲说的那块地，大家一起把红军墓移迁了过去，当时也只是用青石板雕刻了一块墓碑。后来，墓园后边的山坡上滚下一个大石头，把墓碑砸坏了。2013年，兴安县相关部门联合村民对红军墓进行了修葺，重新立了碑，碑上还刻上了的陈玉春的名字：

> 一九三四年红军长征经过我地，陈玉春等十二位同志为了人民的翻身解放事业而英勇就义。
>
> 革命烈士永垂不朽
>
> 一九五六年九月

红军墓看起来和当地的墓没什么不同。坐北朝南，小河从墓前流过，一条古道经过这里，一直朝同仁村的三叉田、青年山延伸过去。当年红军就是从枫木（今属资源县）出发，沿着这条小道走到水埠塘。

我第一次扫红军墓，其实很偶然。

以前我只晓得埋死人的坟堆喊"祖"，经过那件事以后，才晓得城里人把它喊"墓"。

最早的红军墓是个乱石堆，上面杂草丛生，那天我在那儿看牛，心想：嗨，这个祖啊，上面这么邋遢，棍棒、竹枝堆在上面太难看，我反正没事，来清理一下吧。经过一番清理，终于显出原有的样子了。两个过路的人见我正在扫落叶，说："你这个老东西，你怕是发癫了哦，在那搞什么鬼。"我讲："哎呀，看到好难看，我家的牛在滩上吃草不用管，我就来清理一下，这个祖里埋的是红军，他们蛮好的啊。"

这事很快传开了，大家都讲我扫红军墓，是在做好事。晓得扫红军墓是好事以后，我就经常去祭扫了，这个习惯一直延续到现在。

1975年清明节，有个记者在华江乡政府领导的陪同下，步行七八公里，来到水埠塘找我，我不在。家里的人告诉他，我让大孙子背着去给红军扫墓了。他们在红军墓前找到我时，我正在化纸烧香。

"赵奶奶，这是宣传部的宣传干事盛久永，今天特意来采访你，"乡政府的人讲，"看见盛同志手里的照相机了吗，他可是我们兴安县照相最好的人。"

盛久永举起照相机，帮我拍了照。

那以后知道的人就更多了。

盛同志讲，因为工作原因，他经常跑华江，在锐炜遇到一个喊罗光宗的人，他老子也见过红军。老罗告诉他，红军是从资源县翻越牛塘界，在江头进入华江地界，经过枫木坳、锐炜、落林口走到他们落林洞的。然后，红军沿着村前的古道往西，翻越佛子界往车田、千祥方向去了。

红军过路后，他老子罗成友在茅盖岭上捡到一条枪。

国民党自卫队的人听讲他家有把枪，写了一张借条，把枪借走了。

再后来，游击队也晓得了这件事，也来借枪。他老子讲，早被借

1975年清明节，与赵良英同村的81岁瑶族大妈（曾得到红军帮助）正在祭扫红军墓。当地老百姓对红军的感情很深，为红军扫墓这件事在村里是有传统有传承的。该照片刊发于1975年的《广西日报》，盛久永摄。

走了，哪里还有。那些人看了借条就离开了。

罗光宗是1923年出生的，不晓得现在还在不在。

口述者：赵良英，兴安县华江瑶族乡水埠村村民。

历史回闪

一只麻花鸡在咯咯咯地叫着。

母鸡的叫声很有节奏，和着飒飒的风声，像一曲交响乐中某种乐器在独奏。

叫声是从一棵老枇杷树下传来的。

一个穿着黑色对襟瑶服，头缠黑色头巾的中年男人这时正站在树下。

男人颧骨前凸，眼窝深陷，脸色黝黑，背上背着一个用麻绳编织成的网袋，脚上的草鞋已经很旧，紧贴右脚后跟的稻草绳上，用条大小一般的葛根藤系着。很显然，他脚后跟这根草绳早前被磨断过。他走路的时候不由得让人担心，好似稍一使劲儿，这只鞋便会弃他而去。

男人盯着麻花鸡看了一会儿，收回目光，在院子里打量着。

这是一个桂北地区常见的农家院子，左右两侧各有一间厢房。

男人站在厢房前面。

院子里静悄悄的，没一个人影，也听不到说话声。

男人看了一会儿，无聊地收回目光。

他看到那棵老枇杷树下放着一张竹躺椅，于是慢慢走了过去，很舒服地把身子放了进去。

男人根本不知道，在左侧那间厢房里，方格子窗户后面，这时正有一双警惕的眼睛盯紧了他。他腰间的砍刀，在午后阳光的照耀下，时而闪现一道道寒光，让窗户里面那双眼睛异常紧张。

这是毛泽东的一个警卫员。

这里是毛泽东临时休息的地方。

毛泽东就睡在靠近厢房后面的一间屋子里。

两个小时前，毛泽东刚从这张竹躺椅上起来。现在，他正准备推门而出，警卫员吴吉清赶紧上前，欲拦住他。

不过已经晚了，毛泽东已经把门打开。

椅子上的男人听到声响，身子呼地一下从椅子上弹起来，右手抓住腰间的刀柄，径直向毛泽东奔来。

吴吉清身子一闪，已挡在毛泽东面前。

毛泽东却并没停下，绕开警卫员向前走了几步，伸手握住瑶族男人的双手，说："老盘，你过来了啊。"

"原来是来找主席的！"吴吉清在心里嘀咕着，脸上闪过一丝尴尬的笑意，走到厢房屋檐下放哨去了。

"你去隔壁帮我把王稼祥同志、洛甫同志请过来，就说中午约的老盘到了。"毛泽东朝吴吉清喊道。

王稼祥、洛甫还没来，二纵队司令员李维汉倒是先到了。

"维汉同志，你来得正好，我约了稼祥同志、洛甫同志，他们马上就到。"见李维汉行色匆匆地过来找他，毛泽东又说："中央确定了我们二纵队下一步的部署了吗？"

"主席，我就是为这个来的！"李维汉说到一半，见毛泽东身旁坐着个陌生人，便改了口，"这位是？"

"没事，这是我找来了解当地情况的老乡。你说吧。"

"下午四点，司令部接到中革军委电报，让军委一纵队明日晚上进至塘洞、源头地域。我们二纵队随三军团后前进至中洞地域。您看，这是电报!"

"敌十六师占领大埠头后估计湘敌主力将出城步、绥宁、通道向我截击。其一部将随我右纵队后尾追。而桂敌则将有由大溶江口、龙胜袭击我军左侧之可能。不对啊,右翼不就是彭德怀的三军团吗?我研究过地图,三军团最少要应付白健生桂军三个方向的进攻。你看啊,一条是从洛江到华江的,一条是从司门前到千家寺的,还有一条是从大溶江到中洞的。"

"是的,我来之前,接到彭军团长的电话,说明天他们要打仗,二纵队如果跟他们军团走,整个纵队要出问题,会有危险。他已向军委发电报,建议二纵队跟一纵队走,由五军团殿后。"

"老彭的建议是正确的。"

"彭军团长让我派人到军委领新的命令。"

"再不能把二纵队置入危险境地了。你立即派人去军委吧。"

李维汉离开后,毛泽东问正蹲在枇杷树下抽旱烟的老盘:"老盘,从这里到龙胜,哪条路最近?你过来帮我看一下嘛。"他一边说,一边打开已卷了边的地图。

老盘的烟,是在屋后自家空地里种的,烟叶晒干以后,卷成吹火筒大小的一卷,把菜刀磨得锋利无比,将烟卷按在砧板上一刀一刀切成烟丝,然后慢慢消受。

"这个,莫欺负我山古佬(桂北方言,意思是山里人)不识字,看不懂。但你要问从我们水埠塘怎么去龙胜,你算是问对人了。我们山里的路呢,它都是四通八达的。最近的呢,是从前面张家坪出摆竹塘,翻过喇叭界就到塘坊边了,然后沿龙塘江进雷公岩翻老山界。这条古道清朝就有了。"

毛泽东从口袋掏出烟卷,递给老盘一支,又抽出一支放在嘴里,笑着说:"你看,所以我把你这个'土行孙'请来了嘛。"

老盘嘴里正叼着自制喇叭筒烟卷。他将烟卷从嘴里抽出来,见还有一小节没抽完，便又放回嘴里使劲吸了两口，然后就猛咳起来，越咳，他越使劲地吸气，似要借助吸进喉管的呛劲儿止住不断猛烈加剧的咳嗽。终于消停一点后，他用衣袖抹去呛出眼角的泪，接过毛泽东递来的烟，随手夹在耳朵上。他不再说话，深邃的目光穿过白色烟雾，打量着眼前这个面容清瘦、满身烟味、留着一头长发的湖南人。

此时毛泽东的心情与过湘江之前大不相同。

即将面临转移以来遇到的第一座高山，它既是这支大军的敌人——挡住了他们的去路，又是这支大军的保护神——使敌人无法形成包围；而且那些讨厌的飞机也无法任意地狂轰滥炸了，因为它害怕撞到越城岭刺破青天的锋刃上。大山还保护着这支大军，使其得以消除疲劳、养精蓄锐。

采访视频观看入口

白骨

2018年10月28日，瑶族老人冯荣炳来到笕岭壕、土地坳，通往川江的古道有一截尚在，宽不过盈尺。"以前坳口只能容一人通过，"老人指着竹林说，"五几年，千祥和同仁的瑶人在这里打锣开荒挖苞谷地，挖出很多白骨。"

从前，华江境内的瑶族村寨有事，其他寨子的瑶族人收到邀请，就会三五成群，翻山越岭聚集过去帮忙。1953年，我们瓦窑面村集体搞开荒，同仁等地的瑶民都来帮忙，在笕岭壕打锣开荒挖苞谷地，在竹山下挖出好多白骨。开始挖出两节脚筒骨，就随意丢在路边，村民以为挖到了无主孤魂，没特别在意，继续挖。谁知，越挖越多，陆陆续续又挖出一些其他部位的骨头来，长长短短，大大小小的都有。还是随手往路边一丢。印象中有这么一小堆，看起来绝对不止一两具遗骨。我们一群小孩好奇，凑拢去看，大人便挥舞手中的棍棒来驱赶，小孩们就吵闹着散开去。我是1947年出生的，年纪小，不懂得害怕。我老婆邓正姣也清楚记得，在山下见过有人挖出一根脚骨，那人胆大，竟然拿着与自己的腿比划。那些骨头后来不知道去哪了，估计是大人们埋在地里了吧。现在想找，怕是找不到了，毕竟又过去了五十多年。当年这一带是荒山野岭，经常有野东西出没，来地里翻找食物，加上山水不断冲洗，肯定找不到了。

七十年代分田到户后，我老婆在家门口开挖鱼塘，挖出一个铁蛋来。她好奇心重，回家后把它撬开了，剩下的铁壳丢弃在墙角，被公社干部看见，干部吃惊地对我说，这个是手雷，你们居然把它撬坏了，好在没爆炸，否则后果不堪设想！

好险火（桂北方言，意思是好险）！

据村里老人讲，瓦窑面笕岭壕这一带，当年打过仗。

1934年冬，彭德怀的军队在千家寺一带短暂休整后，匆匆经笕岭壕、土地坳去往川江，然后经金石去往龙胜。

据当时为红军带路的老人讲，彭德怀的队伍从千家寺、军田头、瓦窑面出发经过笕岭壕、土地坳、枫木坳、萍水江、洞上、小河、毛岭脚，翻过大风坳到达金石，然后去往龙胜。

第二天，红军的后卫部队到了，也在千家寺一带休息，他们派出两个团前出黄隘设防，阻击从司门前追击而来的李军。

黄昏，李军一部在黄隘与红军阻击部队发生激战，稍后，李军另一团抄小路绕过黄隘及雷劈州，偷袭了红军机关。红军有的正在田里吃饭，有的正在休息。一场混战自然在所难免。在后卫部队掩护下，红军边打边撤，乘着夜色朝同仁塘坊边、老山界方向撤退。后卫部队的两个团，一个团蹚水路绕开千家寺溯六峒河而上赶上主力；另外一个团的一部分人转道水埠塘从山路去了塘坊边，一部分走错了路，跑到高寨去了，只好沿古道翻过猫儿山主峰，在塘洞才追上主力。这场战斗，红军被俘虏五百多人。大家推测，当年挖出的遗骨，应该就是千家寺阻击战留下的。

土地坳宽不过盈尺，以前坳口处只能容一人通过，是千家寺通往川江的必经之地，古道遗存有一截尚在。这个地方打阻击倒是个绝佳的地方，真有点一夫当关万夫莫开的味道。

说来也怪，自从过了红军，常有江西口音的人走村串巷，卖菜刀、铁锅、剪刀或者锅碗瓢盆，说是卖，其实很大一部分是赊，说，等你们以后过上好日子了，我再来收钱。现在想想，不知道是不是跟红军有关，红军不都是从江西那边来的嘛。

口述人：冯荣炳，银行退休职员。

历史回闪

千家寺门口的古柳下，董振堂差点和迎面跑来的红十三师政委李雪山撞个满怀。

"军团长，不好了！有敌人绕过黄隘阻击阵地直插千家寺来了！"李雪山正要赶到军团部报告情况，见到董振堂后，忙不迭地说。

"看来又是一场恶战！"董振堂说。

"嗯，来的还真不少！"李雪山说。

董振堂仔细一看，可不，桂军黑压压一片，像蚂蚁似的，正从对面的竹林里、近处的河堤下涌上来。

"军团长，你带着军团部机关先撤吧，这里有我顶着。"李雪山抄起短枪边打边说。

"砰！"董振堂抬手放出转移到千家寺后的第一枪。

手榴弹、步枪一齐吼叫起来，重机枪"哒哒哒"地发出粗犷的声响，轻机枪也加入了这场雄壮、激烈的大合唱。

桂军士兵像风暴摧折的高粱秆似的倒地。

但是，刚打退了一批，又一批冲上来。

再打退一批，又一批冲上来。

从远距离射击，到近距离射击。

从射击到拼刺刀。

狼烟滚滚！

刀光闪闪！

一片喊杀之声撼山动地！

红军的短兵火力虽然猛烈，可是不能完全压倒数量上和武器上占绝对优势的桂军。他们轮番冲锋，不给红军喘息之机。

天越来越黑了，这对激战的双方都是短暂休整的机会。董振堂趁机组织红五军团、红八军团机关全体向塘坊边撤离。

由于枪支严重短缺，很多红军战士手持一把大刀或梭镖就匆匆出发，穿越枪林弹雨，因此，才有了诸如"一支梭镖闹革命"的传奇。图为遗落桂北民间的红军梭镖。

踏着清冷的月光，李雪山和参谋长潘同到连队看望战士。

阵地上静得可怕，只有刺骨的寒风掠过树梢时发出轻微的簌簌声。月色笼罩着山野。竹林里，战斗了几个小时的战士都已经困极了，有的还发出轻轻的鼾声。长久以来的战斗生活，大家都习惯了，敌人攻上来，狠狠地打，敌人退下去，便倒在工事里抓紧睡一觉，好以饱满的精力迎接敌人的下一次进攻。

有几个伤员没有睡着，卫生员还在给他们止血上药。他们大都是刀伤和手榴弹炸伤，头部和上肢受伤的较多，而且伤势都很重。见到师首长，他们或点头，或轻轻一笑，没有任何怨言。

李雪山焦急地向老山界方向望去。

漆黑的夜，什么也看不见，唯有遥远的天空中缀着几点寒星。在这墨染一般的夜色中，中央纵队正在龙潭江、老山界翻山越岭西进。而敌人则正兵分几路围追堵截，妄图实现他们彻底消灭红军的计划。"绝对不能让他们得逞！"李雪山想到这里，立即下令加强战前的准备工作。

突然，桂军的炮声又吼叫起来了。

桂军改变了战术，不仅从正面加强了兵力、火力，轮番猛攻，还派遣大部队迂回到整个千家寺阵地的侧翼，特别是用重兵向十三师指挥所施加压力。

战斗越发激烈，情况越来越严重。

前沿阵地丢失了。

从黄隘阵地传来消息，那边的情况也极为严峻。

军田头、瓦窑面也告急。

阵地上伤亡在增多，一个个的伤员从李雪山面前抬过去。

敌人从三面进攻过来，千家寺处在万分危急之中。这时，通信员带来董振堂撤退前留下的命令，要李雪山以运动防御的手段，迟滞敌人的前进，好争取更多时间掩护军团主力向塘坊边方向转移。

李雪山命令大家边打边撤，尽量阻挠、迟滞敌军，争取时间。

"红头兵"来了

高寨以前喊作三地。

高寨这个名字，是由村前最高的寨子得来的。以前塘坊边、潘家寨、梁家、李家田、鸭塘这一带算得上人烟稀少。拿塘坊边来讲，就桥头一带拢共七座房子，路下边三座，路上边四座，这已经是人口最多最密集的地方。塘坊边这个地方人家不多，却因为有湖南、资源的商家顺着古道来往，在那自然形成了个小集市，用当地人的话讲，是一条街。开伙铺的，不过是卖点米啊、盐啊、农具啊；有些卖点自家酿的米酒啊，自家磨的豆腐啊，或者卖点肉啊，就算是一家店铺了。

我是高寨鸭塘人，名字喊林承兴，我父亲喊林昌宝，他讲民国二十三年（1934）12月初，有两路红军到过我们高寨。

高寨当年因为山高路远，消息闭塞，老百姓不知道来的是红军，喊他们"红头兵"，讲"快跑，红头兵来了"。

一路红军从水埠村出发，沿集义河边的小路，大概走小半天就到了我们鸭塘。当年鸭塘不像现在有十来户人家，只有我们林家上下两座房子。红军来了以后，两座房子都住了人，具体住了多少人不知道。听老一辈讲，红军穿得很差火（桂北方言，意思是很差），有些人的穿着还很破烂，看起来状态不是特别好。他们想要什么物品，基本不拿钱买，也不像国民党兵那样来抢，他们是拿麻绳来兑换。那年月山里人看见有上好的麻绳，很是稀罕，所以交换的双方各取所需，都高兴。

早年还有人和我们家老人开玩笑，说，老者，要是你把红军给你的麻绳留到今天，也许可以进博物馆了哦。

另外一支红军，听说是从资源过来的，走资源社岭、岔岭下来，住在潘家寨和梁家。潘家寨说是一个寨子，其实住户也不多，稀稀拉拉几座房子而已。

塘坊边的梁龙山家算是有点家底，那晚他家里也住了些红军，据说还被开仓分了粮。

红军在村里住了一夜后，又分两路去翻山。一路从三地（高寨）、潘家寨、梁家出发，从乌龟江边小路沿河进，从梯子岭上到白石头、老山口、火烧坪、庵塘坪，经越城岭主峰猫儿山东北麓翻越老山界。第二天，红军后卫部队在高寨一线与当地民团发生了激烈的枪战。另外一路从李家田村沿着杉木江（漓江源大峡谷），经横冲、头架梯、二架梯等悬崖峭壁到猫儿山云峰寺附近翻越老山界，进入塘洞地界。红军主力离开后，后卫部队还和民团打了好久的枪战。

在梯子岭上也打了一仗，据说潘家寨有人弄死了个红军，说是那个红军头晚住他家，被发现担子里有些钱。

据高寨村委的潘奇权讲，他二爹爹潘奇川（听到这个名字，作者问潘奇权是不是搞错了，他说莫奇怪，就是这个名字，曾经他也觉得不可思议）年轻时是个非常调皮的角色，红军离开的那天，他从潘家寨跟着一个挑着担子的红军，在狭窄陡峭的山路上走了二十多里，到梯子岭后，看左右无人，就从石壁上推滚木将红军打翻，然后把人家拖到灌木丛里弄死了，就因为人家担子里有点钱。那真是个胆大包天的人，杀人以后居然还跑到桂林去领了赏钱，大概他做梦也想不到，五几年的时候，自己因为杀害红军的恶行，被政府枪毙了。

村里上了年纪的老人讲，红军过界后，胆大的村民沿着红军走过的路捡东西，在梯子岭下捡到摔死的骡马，各人分了一些，有人吃了

1934年12月，红八军团一部从高寨登梯子岭翻越老山界。图为高寨一角。盛久永摄。

几餐才吃完。

口述人：林承兴，兴安县华江瑶族乡高寨鸭塘村村民。

历史回闪

昨天黄昏，在黄隘阵地被桂军冲散后，红三十八团团长刘培基、政委邱兴国立即组织突围，通往千家寺、塘坊边的道路已经被切断，队伍只得蹚水横过六峒河，顺河而上，匆匆赶往水埠塘，准备从那里绕道前往塘坊边追上主力。不料，赶到塘坊边时却没有找到十三师主力，也不见师部和其他兄弟部队踪迹。

"这就奇怪了！昨天下午师长明明白白讲是在塘坊边等我们啊，怎么现在还没见他们呢？"一个晚上加一个早上还没找到师部，刘培基不免有些着急起来。

"我早上又打听了一下，村里的老表说前边的寨子里有部队，不过，大概不是我们十三师的。"邱兴国也很着急。

"派两个人上去问一下，看是哪支部队。"

"一大早我就安排人去了，现在应该快回来了吧。"

两人正说话间，屋主林昌宝背着一筐红薯从外面回来了。两人迎了上去，邱兴国帮老林托着背篓，一边往地上放一边说："林老表，这么勤快。"

林昌宝擦去额头上的汗水，说："山里人，不勤快不行啊，山里的野猪猖狂得很，这些红薯你再不挖，野猪就要去拱了，它们厉害着呢，一个晚上就搞得干干净净。我们山里人就指望这些红薯、芋头、苞谷过日子的。"说完，老林从角落抽出两张长条凳，摆好，自己先坐下，然后招呼道："你们昨夜走了那么远的路，怎么不多睡一下？"

邱兴国说："我们行军打仗，每天睡三五个小时就行，习惯了。"

刘培基说："老表，你昨晚把房子借给我们住，我让战士们去帮你挖红薯怎么样？我们都是穷苦人家出身，参军前都是干农活的一把好手呢。"

林昌宝说："不用不用！其实我也没有种多少地，几天工夫就挖完了，哪敢劳烦你们啊！"直到这时，林昌宝才知道昨天来的这支部队叫作红军。因为山高路远，消息闭塞，村里的人不知道来的是什么军队，都喊他们"红头兵"，讲"红头兵来了"。

邱兴国说："我们拿东西和你换红薯吧。"

"不用不用，都是自家种的，不值几个钱。"林昌宝忙不迭地摇手。他想起昨天下午来的那些红军，说："昨天下午从枫木过来一些红军，听说他们是走社岭、岔岭下来的，住在潘家寨和梁家、塘坊边，潘家寨说是一个寨子，其实住户也不多，稀稀拉拉几座房子而已。那些红军也穿得很朴素，很破烂，他们想要什么物品，基本不拿钱买，而是拿麻绳来兑换，这个年月山里人看见有上好的麻绳，很是稀罕。塘坊边的梁龙山算是有点家底，家里也住了些红军，昨天下午红军还打开梁家粮仓，分了粮给村里的穷人。"

邱兴国说："是啊，我们在过湘江的时候吃了国民党军队的大亏！这些同志能活下来已经是万幸了。"

林昌宝没太明白邱兴国说的，自言自语说道："三地这个鸟不拉屎的小山窝，怎么这两天突然来了这么多军队？"

邱兴国想起昨天好像有人提到过一个叫三殿的地方，赶紧问道："三殿？"

"不是，是三地，山神土地的地。"

"这一带有没有三殿？"

"有啊，三殿不在这儿，在离这边二三十里路的同仁村呢。三殿也有个塘坊边，哦，我想起来了，你们昨天一到鸭塘就问我塘坊边在哪，不会是在找三殿的塘坊边吧?"

邱兴国和刘培基对视一眼，心里真是五味杂陈，昨晚突围，竟走错了路。难怪一直找不到师部。

"三殿比我们三地要热闹些，三地的塘坊边、潘家寨、梁家、李家田、鸭塘这些地方算得上人烟稀少。"

"给你们添麻烦了，我们一来，你和你兄弟就把房子腾出来给我们住。"

"莫这么讲，我看你们也是穷苦人。"

这时，去潘家寨联络的人回来了。"是八军团的，之前他们在竹子水负责掩护中央第二纵队和十三师，完成任务后就到这儿了，没多少人，我问了，他们也没有电台。"

刘培基问:"你问了他们下一步往哪走不?"

联络员答道:"问了，他们计划从三地、潘家寨、梁家出发，自乌龟江边小路沿河走到梯子岭，上到白石头、老山口、火烧坪、庵塘坪，经越城岭主峰猫儿山东北麓翻越老山界后与主力会合。他们今天下午就出发。"

刘培基低头思索了一会儿，侧身和邱兴国商量:"老邱，现在再折回去寻找主力已经来不及了，我的意见是，要不干脆和八军团一起从这边翻越老山界?"

邱兴国答道:"只有这样了，不过我们行动要快，宁可先到一步，翻过老山界等主力部队。"

林昌宝见红军在谈工作，一直没插话，这时看他们着急的样子，便说:"梯子岭那条路又窄又陡，想走得快，我建议你们走另外一条。"

刘、邱二人异口同声道:"还有其他近路可以走? 请你快说!"

林昌宝慢条斯理地说道:"还有一条路，是从李家田村沿着杉木江，

270

经横冲、头架梯、二架梯上到猫儿山顶云峰寺附近翻越老山界，下山以后就进入塘洞。李家田这条路倒不一定比梯子岭近，而且也是又窄又陡，但是好过两支人马在一条小路上挤，分开走，肯定比挤一条路要快得多。"

听完林昌宝的介绍，刘培基激动地说："老林啊，你这是帮了我们大忙了！"

劫杀

　　我爹爹讲，红军是分两路来高寨，也分两路离开高寨去爬老山界的。

　　以前我们这里还不喊高寨，喊三地。

　　三几年的时候，这一带的住户不多，稀稀拉拉分散在猫儿山脚的这个山谷。红军人多，他们一来，鸭塘、塘坊边、梁家、凤凰寨和我们潘家寨就被塞满了人。当时是十二月里，天寒地冻的，红军穿得很单薄，驻扎下来以后就找来干竹片、竹枝、树枝，几个人围成一堆烤火。

　　大概只住了一晚，他们就陆陆续续从梯子岭和李家田两条路出发了。

　　我二爹爹名字叫潘奇川，我的名字和二爹爹只差了一个字——我喊潘奇权。我二爹爹做了件怪事，讲起来有人可能不信，但这是真的。

　　什么怪事呢？

　　二爹爹家住了个矮个子红军，挑了一担东西。晚上，矮个子红军掀起斗笠从担子里拿行李的时候，露出一堆花边来，刚好被起床上茅房的潘奇川看见，他哪里见过那么多钱！重新回到被窝里后，辗转反侧，整晚都没睡好。他一闭上眼，满脑子全是白花花的花边。第二天一大早他就起来了。他心里一直惦记着矮个子和他的担子，他从来没见过那么多钱，现在它们就放在自家堂屋。矮个子红军坐在担子中间，

272

抱着扁担靠在墙角打盹儿，一刻也不离开，这样一来，更让潘奇川心痒痒了。

红军出发了，矮个子大概因为担子太重，走走停停，一直走在队伍的最后。

潘奇川眼看红军走远，赶紧拉起正在水沟边洗脸的唐桶匠追过去。唐桶匠是湖南人，在三地做活有些日子了，因为也喜欢喝几杯，和潘奇川臭味相投，就暂住在潘家。

路上，潘奇川讲了头天晚上的发现，他说："你讲那么多花边，那个红头兵哪来那么多钱呢，他火紧（桂北方言，意思是小心、紧张）得很，怕我看见，把干粮拿出来以后就赶快拿斗笠盖上，我一眼就看见了，花边啊，那么多！要都是我们的多好，可以买多少头牛了啊，我家老大老二讨老婆都不愁钱了啊！唐桶匠，如果你有了那些花边，你还在广西做什么工啊，你可以赶快回湖南讨婆娘了，讨几个婆娘都不用愁钱！唐桶匠，如果那些花边分你一半，你想不想要？"

唐桶匠说："害了我了，如果给我有那么多钱，老子还做什么工啊，可惜那钱是人家的，你光想有什么用，有本事你去搞点来花啊。"

潘奇川说："嘿嘿，你莫急，我们先跟过去看看情况再说。万一他爬梯子岭的时候踩滑一脚，滚到悬崖下去了呢；万一他走到白石头的时候，半山腰的杂木滚下来把他压死了呢。这几天的狗牙霜这么厉害，土都松完了，鬼才晓得这深山老林里头会不会发生点意外。"

唐桶匠说："老子光晓得你喝酒厉害整婆娘厉害，没看出你还真是个狠角色哩。"

潘奇川说："我不算狠，要是狠的话，昨晚就动手摸了几块花边了。那些红头兵大概是太累了，半夜里一屋子的呼噜声，吵得我一夜没合眼，我起来看了两次，想能不能顺手摸两块，但都没敢下手。你莫讲，矮个子那把短火看起来真不错，要是搞过来，以后上猫儿山打野猪，爽死！"

唐桶匠说："老伙计，莫这么大声，挨他们听到，我们两个就死了。"

两人嘴上说着，脚下一点也没歇着。

前面的矮个子红军走得快，他们便跟得快，红军放下担子坐在只有一尺来宽的石阶上歇脚，他们也停下脚步，猫腰藏身在小道旁的灌木里。

爬上梯子岭后，只剩下矮个子一个人走在最后了。他吃力地迈上最后一级石阶，将沉重的担子丢在路边，身子一趔趄，整个人借势倒在了地上。

潘奇川和唐桶匠此时已抄近路来到梯子岭前面，见矮个子正躺在地上休息，虽然他用灰色的八角帽盖住了整张脸，看不见他的表情，但猜想他肯定闭着眼打盹。刚爬了十多公里陡峭狭窄的山路，在这个没有人打扰的深山休息一下，简直太舒服了。

潘奇川用手中的苦竹拐杖拍拍唐桶匠的肩膀，嘟起嘴冲左侧山坡上拱了一下，唐桶匠会意地向山坡爬去。山坡上，一堆被锯成两米长的原木码在那儿，那是三地一户梁姓人家准备给老人打棺材的木材，每一根都有男人的一抱粗，因为刚砍倒，水分还没干透，暂时堆放在山里。两人轻手轻脚爬到木堆旁，瞄了瞄坡下十来丈远的矮个子，他脸上依旧盖着帽子，对坡上的不速之客全然不知。两人找了一根碗口粗的木头，一头伸进圆木堆，将伸向空中的一段狠力往下一压，圆木便"轰隆隆"地往下滚去。

矮个子红军一开始并没有被圆木压死，两人一不做，二不休，合力将他拖进灌木掐死了。第一次杀人，两人被自己的举动吓得半死，抱着一袋花边在山里躲到半夜，才趁黑摸回家。

没过几天，发生了一件轰动三地的蹊跷事：唐桶匠和潘奇川的老婆正准备"干好事"，被破门而入的潘奇川抓了个正着，唐桶匠被打得头破血流，连夜灰溜溜地逃回湖南去了。若干年以后，有人才知道，这不过是潘奇川为了独吞从红军手中抢来的花边，施的苦肉计。唐桶匠走了以后，潘奇川独自跑到桂林邀功，国民政府果真对他进行了嘉奖，不过，恶有恶报，新中国成立以后，他被判了死刑，枪毙了。

据说当年住我们潘家寨、凤凰寨的这支红军，是从水埠出发，经犀牛望月、菜籽塘、盘路底等地以后到达三地的。离开的路线，是沿着乌龟江进山，经过梯子岭到达猫儿山东南麓翻越老山界，进入大畲坪，经凤水、两水、社水、河口，与从同仁龙塘江、雷公岩一线翻越老山界的红军队伍会合的。

说起大畲坪，我们一个叫潘顺生（外号八老者）的族人，被红军请去做了两天挑夫，就是走到大畲坪以后返回的，过了大畲坪，后面很长一段路是平地。

口述人：潘奇权，兴安县华江瑶族乡高寨村委会主任。

历史回闪

越城岭主峰猫儿山东麓，潘家寨。

山里的夜，寒气逼人，潘奇川早早就洗脚上床了。上床前，他没有像往常那样用地灰将火塘的火熄灭，而是将屋前沙田柚树下的那两截檵木树苑扛进屋，塞进火塘，直到树苑被引燃，他才躺下。想着堂屋里借宿的红军衣着单薄，一个个面黄肌瘦的，他心里竟生出莫名的怜悯来，他决定今夜让火塘的火一直燃着，这样，屋里就会一直暖和着。不就是几根柴火吗，猫儿山上多的是。而槠木树硬，只要点燃了，就不易熄灭。腊月里，农家人熏腊肉的时候，槠木和柚子树柴火是首选，槠木经烧，柚子树有一种特殊的香味。屋前那堆槠木，潘奇川就是准备留到年边熏腊肉用的，从梯子岭一肩一肩扛回来，他费了三四天的工夫，平日里，天王老子想要拿来烧，他都不同意。潘奇川是个出名倔强的人。

他躺在床上，耳朵一直听着堂屋的动静。堂屋里的呼噜声此起彼伏，屋外，偶尔传来几声狗吠。

家里突然住进一群当兵的，枪就架在自家堂屋，潘奇川躺在床上翻来覆去怎么也无法入睡。

好在自己家里穷得叮当响，几十年来，连件像样的衣服都没穿过，更别说有值钱的玩意儿了。这么一想，他觉得倒也没什么好担心的。但他还是想不明白，这支部队来三地这个小地方有什么目的，他们衣衫褴褛，既不抢，也不盗，甚至进村民家里的时候，都要征得主人的同意。

他们说的话，有些深奥，潘奇川听不太懂，只记到一句，"我们是工农红军！红军是穷苦人自己的队伍"。

三地（今高寨村），地处越城岭主峰猫儿山脚下，隶属兴安县华江乡，村里住户不多，稀稀拉拉分散在山谷里。红军人多，他们来了以后，鸭塘、塘坊边、梁家、凤凰寨和潘家寨都住满了人。十二月里，正是天寒地冻的时节，红军却穿得很单薄，他们驻扎下来以后就找来干竹片、竹枝、树枝，几个人围成一堆烤火。

"穷人真有自己的队伍了？"潘奇川越想越睡不着。"三地这个鬼地方，天高皇帝远的，乡里的民团平日里都懒得来一趟，红军来这里干什么呢？"

三更时分，潘奇川被尿憋得难受，便起床披上外套去上茅房。完事后，回房前他心想："我得看一下借宿在堂屋里的红军。"这么想着，潘奇川轻手轻脚地靠近门缝，这一看不打紧，潘奇川的心脏都差点跳将出来！

堂屋里的其他人都睡着了，只有那个挑担的矮个子红军还没睡，他斜靠在中柱上抽烟。烟熄灭了，他从香火前的四方桌上拿来松油灯照亮，掀起盖在箩筐上的斗笠，从担子里取烟叶——就在这一刻，潘奇川看见了担子里明晃晃的一堆花边！一堆啊！

潘奇川哪里见过这么多钱？！重新钻回被窝里后，他辗转反侧，整晚都失眠了，一闭上眼，满脑子是白花花的花边。

火灾烧出的秘密

1988年冬天，华江瑶族乡发生了一场火灾，大火扑灭后，木楼的墙上露出"国民匪党""红军宣"字样来，一个隐藏多年的秘密，随之浮出水面。乡党委书记俸正仁把这个情况反映到县里。兴安县博物馆李铎玉馆长是县政协兼职副主席，第一时间得知这个消息，随即指派我下乡。"你先去华江了解一下，酌情采取保护性处理。"当时我是博物馆副馆长。

我坐班车赶到了华江。

发生火灾的是紧邻街圩的千家寺。清代的《兴安县志》说"寺创始莫考"，"明正德六年（1511）重建"，至今至少已经有500多年的历史。乾隆四十六年（1781）邑人龚谦、龚献谟倡募重修。"寺前百余步，有泉长流，峒（县志原文，今人写作洞或峒）民建石桥，上覆以亭。"县志中还记载，千家寺原名观音寺，乾隆四十六年重修后，因为"关帝忠贞，世高其义，国朝晋封，春秋享祭"，而增供关帝。寺建成后因为可让六峒河、川江河、溶江河周边范围广大的人"综其崇祀"，而取名千家寺。

千家寺位于老山界山脚的千祥村，是乡政府所在地，单体建筑面积240平方米，是一座古老的二层砖木结构的吊脚楼，悬山顶、青砖、灰瓦、白墙、跑马楼，这座房子的楼梯、楼板全是杉木板，楼下租给人家办了个小卖店。

1934年11月25日，《红星报》第5期第3版转载《战士》报的《实行连队写标语竞赛》的文章："为着把我们一切标语口号更深入到群众中去，发动群众的斗争，因此，我们号召各连队写标语竞赛。具体办法如下：一、凡是能写字的战士，每人练习写熟一条至十条标语；二、每人每天都写一个（条）至五个（条）标语；三、标语可用毛笔、炭笔、粉笔、石灰块等书写（不管字的大小）；四、凡是宿营地及大休息地的墙壁都要写满标语；五、各连队每天写的标语数目要报告政治处统计起来；六、政治处要经常检查这一工作，随时给以指示，并将情形写给《战士》报。这一工作要先在连队中深入动员，并严格督促实行，特别要随时检查、纠正错别字。

这场意外大火，是楼上的住户——乡政府的年轻人烤火引起的，好在抢救及时，才保住了千家寺。

大火被扑灭后，二楼过道墙上出现了"红军宣""当红军有田分"字样的墨书。政府的人说，这些字之前一直没人晓得，因为被人糊了两层石灰浆，这回是墙体被烤热后遇到冷水，形成热胀冷缩，造成表皮石灰层脱落才发现的。

经过清理，共发现标语22条。墙面当时只清理了一部分，如果全部清完墙面，应该还会有更多的发现。慎重起见，我向馆长提出了暂时停止清理的意见。理由是：一、容易剥落的石灰层已全部清理完毕，继续清理或多或少会对标语造成损伤；二、这次是属于抢救性清理，后期的保护措施还未落实，担心清理出来后经不住风吹雨打，不利于标语的长期保护。

这批标语都是墨书，从内容上看，有"红军是工农自己的军队！""当红军有田分！""打倒屠杀工农的国民党！""白军是豪绅地主的军队！"等。落款有"红军宣"等。表现手法上，除采用正常的标语形式外，其中一幅"国民匪党"采用了标语和漫画相结合的形式，用线条和文字组合成了一只狗的模样。这幅"漫画标语"，非常吸引眼球。

通过初步鉴定，我们认为这些都是红军标语。依据是：第一，有确凿的文献资料证明，湘江战役中，中央红军在千家寺停留过。第二，标语内容如"当红军有田分！"是红军标语中最具代表性的标语。第三，符合中央红军要做的工作之一。在1934年10月9日的《中国工农红军总政治部指令》中要求，"在墙上多写标语口号"。第四，符合中央红军要从实际出发，"特别是根据当地群众迫切的具体要求，提出斗争口号"，例如"反对李宗仁强迫群众修马路"这样的内容，是当时的真实写照。经查，1934年11月，省政府颁布《广西修筑县道办法》，规定"由县长兼任县公路局长，增加粮赋作为筑路经费"。红军关心群众疾苦，了解到当地在一年前暴发了桂北瑶民起义，群众曾经被镇压，生活已经是十分艰难，对桂系强迫修路，强行派工，占用田地，增加粮赋的行径极为不满，才留下了这样的爱民标语。第五，最有说服力的是标语中出现了"红军宣"的字样。

在清理这批标语的过程中，听当地老百姓讲，除了这些，以前在附近的另一座寺院内还有更多的标语。只是没有保留下来，很可惜。

这次清理出的22条标语（包括字）分别是：

工

□□工农□□炮□的李宗仁

加入抗

打倒

走狗

欢迎

拥护中国共产党

国民匪党（漫画标语）——这个是李宗仁

当红军是革命的唯一出路

红军

红军

红军是工农自己的军队

红军宣

打倒国民党

打倒国民匪党

当红军有田分

反对李宗仁强迫群众修马路

打倒屠杀工农的国民党

红军是工农自己的军队

兵

白军是豪绅地主的军队

当红军有田分

清理工作结束以后，我和李馆长分别向《中国文物报》《广西日报》社投稿，发表了题为《兴安发现一批红军标语》的简讯。

华江红军标语的发现，引起了社会各界的高度重视。广西壮族自治区人民政府拨出专款，维修了标语楼，小楼的前面恢复了院墙，并在标语外面装上了玻璃框架。1990年，标语楼被兴安县文物部门以"千家寺红军标语楼"列入文物保护单位；2004年，标语楼被列为广西壮族自治区文物保护单位；2006年，随着湘江战役旧址列入全国重点文物保护单位，标语楼作为旧址之一，同时被列入全国重点文物保护单位。现在，千家寺红军标语楼已经成为革命传统教育基地。

口述人：陈兴华，兴安县博物馆原副馆长。

历史回闪

文家洪比刘华连年长三岁，因打小读过半年私塾会认字而被分在宣传队，是个活蹦乱跳的大小伙儿。当天一到千家寺，他就看中了那座两层的小木楼。自1934年11月25日《红星报》刊发"实行连队写标语竞赛"的号召后，各连队的战士们写标语更积极了，利用一切可以利用的时间，在沿途的墙壁上书写宣传红军政策的口号、标语，已经成为他们的一种自觉行为。

不到两个小时，四五个战士就用毛笔在学馆的墙壁上写下一条条标语：

"红军是工农自己的军队"

"当红军有田分"

"打倒屠杀工农的国民党"

"白军是豪绅地主的军队"

"打倒国民匪党"

"反对李宗仁强迫群众修马路"

三连长更是别出心裁，画了一幅名为"国民匪党"的漫画，画面简洁，幽默辛辣而极富艺术感染力。画完之后，几个人围过来，忍不住击掌叫好，然后哈哈大笑起来。

从吊脚楼二楼纵身跃下，连长意犹未尽，抬手龙飞凤舞，唰唰唰在朱红大门上题上"千家寺"几个大字。

千家寺村，因村中有千家寺而得名，民国期间属兴安漓源区华江乡所辖，位于县城西南一隅，在越城岭山脉主峰猫儿山脚下，四面环山，后来因成为乡政府所在地，自然形成了小市集。市集虽小，盐铺、米铺、布匹铺、剃头铺、打铁铺倒也一应俱全，清一色的木质结构，屋顶的小青瓦，因年岁久远已长满绿色苔藓，几棵枯黄的野草在北风的吹拂下左右摇摆。一条西南走向的小溪从市集缓缓流过，溪水不深，却四季流量恒定，过市集约两千米后，在雷皮州汇入六峒河，南流六公里后，在升坪老街和流经锐炜的华江交汇，然后在大溶江汇入漓江，流向五十公里外的桂林城。

千家寺掩映于越城岭山脚的山林间，依溪而建。1928 年，这座与猫儿山顶云峰寺齐名的寺庙才改为学馆，学生在一楼上课，先生住在二楼。

红军先头部队进入华江后，学生全躲去山上了。

附近的瑶民也都躲上山了。

守护

我叫徐昭英，今年（2019）八十五岁，自小就听老一辈讲，红军过金石的时候，在大风坳上和桂军打了一仗，红军被打死了蛮多人。

小时候我家住座塘，离大风坳蛮远。我跟大人去大风坳，看坳口残存的战壕，看最险要处仍存留着的防御工事，这些都是当年红军修筑的。大人们说，打死的红军就埋在山上。人们一边在山路上艰难地走，一边说着红军长征的故事，说红军走的路，比现在的路难走十倍百倍。

可能正是因为年幼的时候听多了红军的故事，心里产生了特殊的想法，当听讲大平寨也埋了几个红军，我就想，如果我住在附近，就能经常去祭拜他们了。五十年代初，"土改"分房子，我试着说出心中的想法，没想到，终于如愿以偿，让我住到了大平寨。住得近，方便祭扫。要不是红军，我们穷人哪能分到房子？

自搬过来大平后，我每年都会祭扫红军墓。

有一次，我在红军墓地挖喂鸭子的蚜虫，挖出一块人骨，大家都说肯定是红军的遗骨，于是赶紧挖个坑把骨头埋好。

2018年年底，村里来了几个政府干部，向我打听红军墓的事情。

2019年3月2日，他们又来了，在村里做宣传，开展红军遗骸发掘收殓工作，在我每年祭扫的地方挖出三具完整遗骸，和一块骨头。

政府干部讲，牺牲在金石的红军战士，是彭德怀将军带领的红三军团的，他们当年从华江经过大风坳后路过金石，然后过龙胜去了贵州。这些东西我老人家不懂，但我晓得大风坳上面的战壕和工事现在还在，据说红军在大风坳和李宗仁的部队打过仗。

政府干部讲，这些遗骸要迁到红军陵园去，那是专门为无名红军修建的，在光华铺阻击战旧址，即将建成。

迁走那天，搞了个隆重的仪式，来了蛮多人。那天我哭得要死，舍不得啊，我守护这些红军墓已经这么多年，一直把他们当自己的亲人。我求领导：能不能不迁走？什么时候又把他们葬回来？领导讲，迁走是为了把他们安葬在一个更好的地方，烈士不能再冷落在这荒郊野外，要让更多人知道他们，祭拜他们。听他这么讲，我才稍微安心一点。但我还是有些想不通，希望政府能在这里建一座红军纪念碑，让我老太婆有个纪念，能在每年清明继续祭拜。

口述人：徐昭英，兴安县溶江镇佑安村委大平寨村村民。

历史回闪

战云低垂，人流滚滚。

老山界西麓，华江盐里江通往金石佑安的古道十分泥泞。

桂军第一二九团团长梁津从盐里江率部追击到大风坳时，忽见山下平地上一列士兵持枪堵在前方，但服装颜色与自己相同。梁津顿时心生疑惑：如果是自己人，为什么转向后方做如此戒备呢？于是命部队停止前进，派出传达兵前去探明原因，这才知道昨天下午一三二团粟廷勋部追击到这里时，遭到红军三军团伏击，损失颇大，除官兵有相当的伤亡外，卫生药品及金匮全都弄丢了。

红军得手后即行撤退，而粟廷勋的警戒兵一直不敢撤收。

梁津知道情况以后，率部下山继续前进。

从一座独立房屋经过时，第十五军副军长夏威正在大声训斥粟廷勋，见梁津赶到，便命梁津的一二九团做前卫，继续追击。

梁津领命，亲自带着第三营先走。转弯后沿山腰小溪边行进时，忽然一阵急促的机关枪声传来。梁津赶紧拔腿奔向山脚的一块巨石后躲藏，回头一看，二营营长黄玉超胸前的棉大衣已经被击穿，他身后号手身上的号筒，也被打烂了。

梁津急忙命令特务排快速穿过小溪对岸，往山下的竹林搜索前进。

红军后卫的重机枪已经撤走。

再往前几里，到一个小村落，见路边有一座厂棚，贴着数张标语，估计是红军搭作临时开会用的。旁边的空地上，躺着十多个穿着普通服装的病人。

黄玉超向梁津报告道："团长，我问他们话，都紧闭眼睛嘴巴，不作声。"

梁津大生疑窦，回想粟廷勋团之前遭到袭击的事，对黄玉超说："昨天粟廷勋被袭击，肯定就是这些人装病，等探知我部情况后乘机逃走，去向红军告状，以便红军大部队来袭击。"

黄玉超说："极有可能。"

梁津越想越不对，当即命令士兵开枪将那些人全都打死。

再走几里，据当地人来报告，红军部队大概两千多人，正在前面的村里吃饭。

"两千多人？"大家你看看我，我看看你，等着梁津指示。

"团长，打不打？"黄玉超问。

"我们这点人，怎么打？"梁津说，"等后续部队到了，有你打的。"

黄玉超沉默片刻，转身走开了。

"兄弟们，因为第三营在狭窄的隘路中行进，溪边的小路又被红军挖断多处，以迟滞追击部队的前来，所以第三营行进缓慢，还没到达。"梁津看了看来路，夏威和粟廷勋的影子都还没出现，心想老子虽然是个急先锋，也不至于傻到以卵击石，自讨苦吃，便说："大家不要轻举妄动，先等等，晚点再见机行事。"

黄玉超、伍绍宣等人点头会意。

待第三营到后，梁津轻声对特务排排长伍绍宣说："你先带几个人摸过去，看看什么情况。"

伍绍宣犹豫了一下，向他的人挥挥手，说："走！"

一行人刚走不到二十分钟，前面的山坳里便传来重机关枪的枪声。

伍绍宣猫着腰跑回来："我们被发现了，前面是红军后卫部队的掩护阵地，机枪火力猛得很，怎么办？"

"你猴急什么？没挨过打啊！"梁津骂道，随后下了命令："机关枪连，向右侧高地占领阵地，掩护第三营向前进攻。"

造孽啊

我叫周祖荣，兴安金石文甲洞村人，彭德怀的队伍经过我们村时，有过短暂休整，还把大批伤病员安顿在这里，死了好多人，也留下了数不清的传说，可以讲，我是听着红军故事长大的。

1934年12月3日，中央红军经过湘江战役后，红三军团为掩护军委纵队翻越老山界，在金石佑安大风坳上构筑防御工事，阻击一路追击的桂军，双方一番激战，红军再次遭受较大损失。

随后，红三军团将部分伤员转移到文甲洞休整、疗伤。

村里的人被这个架势吓坏了。

伤病员人数众多，有些是在湘江战役中负伤的，有些是在大风坳负伤的，也有些是在其他战斗中负伤的。中央红军从苏区出发后，沿途经过国民党军队的四道封锁线，大大小小的战斗一直没有停止过。另外还有一些伤员，是因为踩到有毒的竹扦。在红军进入广西前，桂北灌阳、全州、兴安各县的民团要求湘江两岸的老百姓削了一批锋利的竹扦，埋在红军可能经过的地方。竹扦都用陈年老尿浸泡过，有的还泡过桐油，人一旦踩中，伤口很快就会发炎化脓，疼痛难忍，严重的根本无法行走。

村里的老人讲，最先来到金石的是红军先头部队，叫我们村组织四十多名群众帮助抬伤员。

好几百个伤员，村里的角角落落住满了人。

因受医疗条件限制，不少伤病员死在了村里。有人讲可能死了一百来号人，时隔多年，这个已经无法核实，但死了不少人是肯定的，草草埋在冲头、桐子坪、屋场坪一带的荒地里，都是没有棺材的。

连木板都没有，哪来棺材呢。

每天都在往外抬。

哎呀，造孽啊（桂北方言，可怜的意思）。

到了五十年代开荒开田种地，桐子坪、屋场坪的红军墓大部分遭到破坏，现在已无法找到，只在冲头、半界还有几座保存得可以。

口述人：周祖荣，兴安溶江镇金石文村委甲洞村村民。

历史回闪

梁津举起望远镜。

红军大部队呈行军纵队，正沿着羊肠小道向另一座山走去。

几座吊脚木楼散落在云遮雾绕的山峦间。

日暮时分。突破红军掩护阵地的层层抵抗，梁津的两个营全部到达山坳时，红军部队已经从容北撤，他们的掩护部队也没了踪影。

特殊使命

2019年，湘江战役红军遗骸收殓保护工作正在进行。

广西考古队几名队员奉命前往桂北，参与这次史无前例的抢救性考古发掘工作。

这次任务时间很紧迫，而且责任重大，因为，这是一项特殊使命。作为抢救性考古发掘工作指导小组的一员，我负责指导兴安县开展相关工作，并以界首镇两个重要遗骸点为示范点，亲自清理，以作示范。

记忆最深刻的是3月15日。

那天下着毛毛细雨，上午10时，我们在界首镇界首村委小宅村瓦窑塘，编号为03的疑似红军遗骸点待命。这里离当年红军大部队渡江的界首渡口不足千米。

墓穴已经由村民挖开，露出一具完整的遗骸。考古队员要做的，是将墓穴中的骨骼和遗物全部起出、分装、编号、收纳。这一天，还将把遗骸送到兴安县殡仪馆临时存放保护。

庄重肃穆的祭拜、献花仪式结束后，我和同事开始新一轮的工作。

这是我在小宅村发掘到的第二具遗骸。雨水将头顶的棚帐和周遭的世界打出唰唰声响。我蹲在墓坑里，周身全副武装，手套、口罩、雨衣、塑胶手套、防护服，用小手铲、竹扞、毛刷一点一点地将泥土一层层去除，埋在下面的物体逐渐清晰起来，如同摄影师在暗室里洗照片一样。

虽然是女儿身，但作为一名专业考古队员，即便一个人蹲在墓穴里，面对先辈的遗骨，我也从没害怕。我怀着崇敬和虔诚，希望他们的英魂早一些得到抚慰。

那一刻，我的内心是平静的，也是不平静的；是沉重的，也是欣慰的。

同事余明辉神情和我一样专注，他蹲在墓穴上方，小心翼翼地接过我递上来的遗骸、遗物，再次辨别确认，然后拍照，用透明密封袋分装，贴好标签，装入遗骸收纳箱。

"这颗好像是子弹！"随着我的一声惊呼，余明辉立即兴奋地将头凑过去一探究竟。

"韦璇，不对，从形制来看，更像是纽扣。"余明辉提出自己的看法。

十几分钟后，我又发现了几颗类似的物体。"是纽扣，腐蚀得很厉害。"

一位兴安县遗骸收殓保护工作组的队员快步向前，接过纽扣，履行遗物遗骸的登记造册程序。

当天，和守护现场的工作人员及公安干警在一起的，还有村里86岁的老人吴运贵。他告诉我们，小宅村的人都知道这座红军墓。当时红军大部队从界首渡口渡过湘江后，村民发现瓦窑塘和瓦窑井旁各有一具红军遗体。村里一位富裕人家出了几块光洋，置办了棺材、青砖，按照当地习俗将红军战士礼葬在这里。村里老一辈交代过，等条件好了，一定要给红军墓立块碑。

12时50分。墓穴里的遗骸收殓工作完成。一直守在现场的村民小组长拨通手机："你们过来吧！"几分钟后，村里一群男人迈着急促的步伐朝发掘现场赶来。

负责维持现场秩序的警官迎上去，对走在前面的中年男子说："你们这是？"

"红军烈士要走了，我们来送一下。"中年男子说。

"当年红军战士为革命胜利付出了生命，我们要向烈士致敬！"村民们说。

13时13分。

"立正，向红军烈士敬礼！"

"礼毕！"

"红军烈士遗骸起运仪式开始！鸣炮！"

随着指挥官一声令下，现场顿时鞭炮齐鸣。两名年轻警官手捧遗骸收纳箱，站在队伍前面，身后，是四位年轻警官组成的护卫队。

"立正，齐步走！"仪仗队员们迈开整齐的正步，朝停在村外的运送专车走去。工作组成员、村民们自发列队，默默地走在队伍后面……爆竹声声……

前几天，我在兴安金石村大平寨遗骸点工作时，一位83岁的老奶奶每天都从村里赶来。村里人说她叫徐昭英，60多年前从几公里外的村庄迁过来。迁过来的原因说来令人吃惊，就是为了眼前这座红军墓。当年，徐奶奶的父辈在这里掩埋了红军。解放初期土改分田地分房子，徐奶奶就想着，怎么能搬得离红军墓近一些，方便祭扫。

年年岁岁的守护。从满头青丝守到了白发苍苍。

我和同伴在这里发掘出完整遗骸3具、零散遗骸1具。工作组来迁葬那天，老人哭得伤心。"要不是红军，我们穷人哪能得到瓦房子？以前我们家住的都是茅柴屋，"她反反复复说，"舍不得啊！我当他们是自己的亲人。什么时候把他们葬回来啊？"工作组对她解释，迁走是为了把他们安葬在更好的地方，会有更多人来祭扫他们。老人最后提了一个要求："能不能在这里立一块碑，让我老太婆有个纪念，每年清明还能来祭拜。"

口述人：韦璇，广西考古队队员。

历史回闪

1934年11月30日。

湘江北望，大地苍茫。

警卫员阙中一搀扶着毛泽东走到界首渡口的时候，夜幕正悄然降临。村庄、田野、山林逐渐模糊了。湘江对岸，古镇上的人家已经点燃松油灯。

中央纵队的人马长达十多里，黑压压的像条没有头尾的长龙。驮着箱子、柜子的马，装着大麻袋、大包袱的小车，加上近五千名手挑肩扛的挑夫，乱糟糟地挤作一团，远远望去像定在原地没动，中央第二纵队司令员兼政委李维汉急得嗓子都喊哑了。阙中一看见十几个战士吃力地抬着一个黑不溜秋的东西，不知是什么，上前一问，才知道是印刷厂印纸币的机器。阙中一把这个情况说给毛泽东听，毛泽东气得见人就说："这怎么行，坛坛罐罐重要，还是战士的生命重要？"

文件柜、制弹机、印刷机……特别是那架医用 X 光透视仪，黑乎乎的大家伙，不但无法用肩挑，就是四个壮小伙子也抬不动，得用八个人一组，轮流换着抬，何况山路是那样难走，遇到陡坡或是拐弯处，一两个小时都挪不了窝。民运科长刘浩天也不知道这个黑乎乎的大家伙是什么来历，他找到一个卫生部的干部问："这个大家伙能不能拆开

据《红军长征回忆史料》记载，两个中央纵队的主要任务是搬家。其中，中央教导师6000多人作为中央纵队的第二梯队，抬、扛、挑着600多件大小不等的担子。时任中央教导师、国家政治保卫局特派员的裴周玉回忆："这些担子，有用稻草捆绑的机器部件，小件的三五个人抬着，大件的要十来个人才能抬得动；有用青的、蓝的、灰的、黑的、绿的各种破布包扎捆绑的各式大包裹，战士们用肩扛或用扁担挑着走；有用锡铁皮、木板或竹片制作的各式箱子，两个人一前一后抬着走。这些东西夹在队伍中，弄得队不成队，行不成行，拖拖沓沓，全师拉了足有十几里长。"图为遗落桂北民间的红军瓷碟，刻有"平江苏维埃"字样。

来抬?"干部很干脆地说:"不行!"

除了等待渡江的人群,渡口还堆着大量没有炮弹的山炮、缝纫机、机床零件、行李、炊具、担架、书籍。

浮桥由于超过了承载能力,摇摇晃晃。

浮桥是用几条渡船连在一起,上面架了圆木,再用从界首古街的店铺借来的门板铺设而成的。界首古街全长一千余米,高低错落的瓦房在街道两边一字排开,楼下全是商铺,此地最不缺的,大概就是门板。

11月27日下午,红三军团第四师先头部队抵达界首,找来渡船、油桶、圆木和门板架设了浮桥。

毛泽东站在岸边,望着眼前混乱的场面,脸色严肃、阴沉。

江风拂过,不时从湘江上游传来阵阵激烈的枪炮声、喊杀声。

抬着王稼祥的担架缓缓走来。

毛泽东上前扶住摇晃的担架:"稼祥!"

王稼祥摘下眼镜,对着镜片哈了口气,在衣袖上擦拭一会儿,抬头对毛泽东说:"主席,这仗……怎么打成这样?"

"从苏区出来这一个月,敌人离我们的距离从来没有像这次这么近,总让人有不祥之感,"阙中一说,"警卫员们都在为红军的前途担忧。"

毛泽东说:"为掩护军委纵队渡过湘江,五个军团战斗部队都在血战中,从11月27日到今天,他们正在新圩、脚山铺、光华铺一线以血的代价保卫湘江渡口的安全。军委纵队早一分钟过江,战斗部队就少一分伤亡!"

浮桥上拥挤着行进的人流,人声鼎沸。几个小时过去了,队伍才过了一个头。

天上,三架飞机轮番俯冲,有些浮桥被炸断了,轰炸和扫射依然猛烈,江上水柱冲天。还没被炸断的浮桥,在爆炸声中剧烈地摇晃,桥下湍急的江水中，工兵们正在冒死抢修。

"哒哒哒！"

一排子弹呼啸而来，走在浮桥边沿的两名挑夫应声中弹，一个趔趄掉进江中。

江面上漂浮着竹竿、木板、人和马的尸体、各种杂物，不断有人和马跌入江中，浮桥下面的江水被染得通红。十几个挑夫被眼前的惨状吓坏了，有的人丢下挑子，号叫着跑掉了，几个红军战士拦都拦不住。刘浩天大步追上去，对挑夫们说："老表们，我是宁都人，参加红军前和你们一样，也是挑夫，都是穷人。红军现在吃了亏是暂时的，早晚会取得胜利！红军是为我们穷人打天下的，帮红军就是帮穷人自己！"一个和刘浩天相熟的四十多岁的矮个子挑夫先走了回来，挑起挑子，还没跑远的人见了，也回来默默地重新挑起挑子。

渡口边到处都是弹坑，还有几颗"臭弹"躺在路边，毛泽东似乎没注意到这些，两眼注视着缓慢移动的队伍。

"主席，咱们过江吧！"阙中一看到主席的眼睛湿润了，低声劝道。

"嗯。"毛泽东应道，却没有挪脚。

龙坪纵火案

我是龙胜县平等乡龙坪村委会主任吴成平，红军来龙坪侗寨的事，我是听房叔大伯父吴云珠讲的，又找许多老人核实了解过，他们都已经不在，很多细节，只有我知道，历史书上肯定看不到。

清末民初，我们老吴家在龙坪是大户，谁知摊上个抽大烟的老太公，家财早已败光，只剩了空架子。

一场大火，足足烧了一夜，烧红了半边天，烧毁房屋200多间。吴云珠是吴家长孙，当年16岁，跟着大人们去山上"逃汉客"（1949年以前，当地侗族、瑶族同胞把躲避汉族军队叫作逃汉客）的事刻骨铭心。为什么要逃呢？以前我们侗族人最怕汉人，特别是政府来抓壮丁，受欺压多了，怕完了！惹不起我躲得起啊，所以每回听讲有汉人来，就躲上山去。鼓楼里全是和寨子有关的传说，有人说，如果人讲的话能用箩筐装起，怕是鼓楼早被塞满了。大伯父打小就爱坐在风雨桥或鼓楼上听村老（桂北方言，意思是村里年长有威望的老人）讲红军故事，所以他知道很多。远古的，近代的，现在的，好像没有他不知道的。等他活成村老，又把这些故事讲给我们听。我的祖父吴勋知道得更多，他也是个健谈的人，经常在鼓楼一坐就是半天，没有听众的时候，就远远地望着广西壕，望着红军西去的方向沉思。可惜喽，你们来得晚，我祖父去世了。2012年大伯父也去世了，大伯父去世那年93岁。有些故事，也和他们一起埋进了黄土，我所知道的，不过一星半点。

　　龙坪侗寨，距龙胜县城60多公里，自古就是侗族集聚中心，而寨内建于清嘉庆四年（1799）的杨氏鼓楼，则是我们龙坪侗家人集会议事的中心。这座桂北典型的过街鼓楼，历经数百年风霜，始终屹立，向世人诉说着侗寨的世事变迁。古话说"三百龙坪八百等，九百广南不用问"，讲的就是龙坪、平等、广南三地的规模，木吊脚楼一座连着一座，历经千百年岁月，大多依山傍水，依旧鳞次栉比。"瑶家住山头，侗家住水头"，选择依山傍水的环境作为居住地，是我们侗家人千百年来留下的习俗。山是脊梁，水是血脉啊。

　　吴家何年何月迁来龙坪，谁也说不清，但有一点我们都晓得：我曾祖父前后有两任老婆，拢共生下七男四女，十一个儿女，因为人丁兴旺，自然要多建房屋，靠山边那座最抢眼的四合院就是吴家的。

　　那年冬天和往常不太一样，按村老的说法，就是有些不太平。

　　那是1934年12月，乡公所的人宣传说，山那边有支"赤匪"要过来，吓得还没等他们走近，龙坪寨的人们早已躲得远远的，粮食也全部藏了起来。村里就剩些走不动的老弱病残。

　　我们侗族在两地交界的山顶上，都有人放哨，像以前的消息树（旧时老百姓为对付入侵者，在山坡上放一棵消息树，如果老远看到敌人来了，就把树放倒，提醒大家避难）一样，看到山那边有可疑情况，马上发信号，村里看见信号，就赶忙敲锣。

　　1934年12月10日，下午。

　　村口那条从伟江乡延伸到龙坪的石板古道上，人喊马叫，挤满了肩挑背扛的人。

　　黑压压的人群走走停停，像下暴雨前搬家的蚂蚁，肩挑背扛着各色物件，自南往北缓慢地移动着。

　　红军来了。

　　龙坪位于湘桂交界之地，是自广西前出湘西的最后一个村子。再往前走，翻过广西壕就进入湖南道县县境，前面是一座海拔1300多米的大山——吊子岩。虽然比不得老山界那般险峻，也没得老山界那般有名气，但对于眼前这支走跛了脚的队伍来说，也是蛮难的了，加上眼看就要天黑，红军队伍就不走了住了下来。那一个下午，广南、平等、龙坪的街巷里、田垌里、河滩边便挤满了人。住在龙坪的，据史料记载是中央纵队。

先头部队住在村头的风雨桥上，机关单位的则住在寨子里和老百姓家里。吴家院子大，自然也住满了，据说是干部团，里面还尽是些大官，后来才晓得是中革军委。周恩来副主席等人住在寨子另外一个方向——杨氏鼓楼南边的胡家。这一带地势略低，比较隐蔽，便于警戒。

部队宿营后，周恩来特地交代大家要注意防火。因为近十多天以来，尤其是湘江战役后，部队驻地经常失火，这不仅威胁着红军战士的生命安全，也给了国民党造谣生事的机会。所以，红军制定了一些防火措施，比方说，火把不准拿进屋呀，水缸要挑满水呀，各单位都要组织救火队呀，加强警戒巡逻呀。

红军经过长途行军，已经疲惫不堪，加上第二天一早又要爬山，大家都睡得比较早，躺在床上不久，很快进入了梦乡。

村里老人说那天侗寨特别安静，好远都听到木楼里传出的鼾声。

不过屋外还有哨兵在来回走动，警惕地盯着四周。

那夜好黑呢。

半夜里，几团火光突然照亮了漆黑的寨子，站岗的哨兵一见，立即大叫起来，失火了！失火了！

整个寨子都在喊，不得了了，失火了，救火啊！

老人们说周恩来的警卫员魏国禄是最先被哨兵的呼喊声惊醒的，他爬起来跑到门边一看，哎呀！胡家木楼后火光冲天，寨子已经陷入一片火海，四周全是浓烟，木材燃烧后"噼噼啪啪"作响。他看见有战士从窗户和走廊往外跳。有的人嘴里喊着："炮弹！快把炮弹抢出来！要是烧炸了就不得了！"

火势蔓延很快，风吹过来的黑烟正从门缝、窗户往里灌。

魏国禄心里一惊，顺手抄起床上的毯子，脚下猛地使劲，飞快地钻进周恩来的房子。

这时，房内已烟雾缭绕，熏得人根本睁不开眼睛。魏国禄在黑烟中看见长官的身影，正摸索着往外走，他一个箭步跃上去，迅速将毯子往长官头上一盖，拉着他就朝门口跑。两人脚后跟刚离开木楼，整间房子就被浓烟吞没了。

万幸啊，大火只烧到了十把丈远的杨氏鼓楼前就被阻断，没蔓延过来，周恩来住过的木楼保住了，中革军委驻扎在杨通武家，距离胡家二十来米，因为在胡家木楼的下风口，杨家也没着火。杨氏鼓楼和鼓楼以南的民房躲过一劫。

周恩来来不及松一口气，立即让魏国禄带人去看望其他首长，了解情况。正在这时，其他几位首长已来到胡家门口的空地，他们也怕周恩来挨烧了。

这时候，街上人来人往，大家都在忙着救火：有提水的，有找人的，有搬东西的，有帮助老百姓从火海往外抢东西的……不时还能听到有人对发生火灾的讨论。

周恩来把魏国禄叫到跟前，吩咐他去找人安排加强岗哨，把没事的人员集中到山上空地待命，不要乱跑。

寨子有四五处起火，大火很快就烧到了城门边。火势异常凶猛，加之时值冬季，天干物燥，用来做墙壁的苞谷杆、树皮、茅草、干柴一点即着，蔓延极快。因为离水源太远，红军只能站成一排接龙运水，靠大家手中有限的口杯、盆子从远处舀水，再一个一个接龙传递，这哪里救得了火。

扑灭大火是不可能的了。

不到半夜1点，除南边以外，全村几百家木房子大部分化为灰烬。

魏国禄回来后，首长们还在距离火场很近的空地上开会。后来国家保卫局局长邓发也来了，他神情严肃地站在周恩来对面。周恩来说，可以肯定火是敌人放的。他们企图用这种卑鄙手段，证实"共产党杀人放火"的谣言是真的，以此挑拨、破坏我们和群众的关系。

有人接着问道："近来为什么经常失火？而且这个火还跟着我们走？我们在哪个寨子宿营，哪个寨子就起火？"

"是啊，翻越老山界前，在千祥东村的那场大火也很蹊跷。"

"部队已经加强了预防火灾的措施，为什么还会发生失火的事？如果是由于不小心失火，那为什么有几处都同时失火呢？"

从这些奇怪的现象中，大家得出一个结论：一定是敌人在搞鬼。

是该查查起火原因了。

最后，周恩来说，一定要把放火者查出来，彻底揭穿敌人的阴谋！紧接着，他又具体布置了追查放火者的方案，决定发动群众找线索，查疑点，一定要搞个水落石出。

邓发立即派保卫局的一部分人把寨子围起来，在外围警戒，一部分人以班排为单位排查，相互辨认，看有没有外人混入。果然，当晚就查出三个生面孔，红军们不容分说，将三人五花大绑，押到位于村边的飞山庙关押起来。说来也怪，附近的房子都烧光了，飞山庙却安然无恙。我想，大概因为它的外墙是青砖垒砌，高墙起到了防火作用。

红军经过调查，基本摸清了情况。有人反映那几个家伙是挑夫，在失火前曾离开住地，说是去上厕所。也有人说，在大火刚烧起的时候，又是那几个汉子最先从火里跳出来。红军连夜展开审问。原来这些人竟然都是国民党收买的特务、地痞，他们假装成挑夫，混进红军队伍，趁红军做饭、睡觉的时候，在宿营地放火，挑拨红军和我们少数民族群众的关系，又能给红军制造麻烦，造成伤亡和损失。

第二天一早，有偷偷跑回来的村民发现，寨里的这支队伍与往常的队伍不太一样，当村民的寨楼起火时，他们不仅帮助扑火，还冒着危险为村民抢救物资，于是大着胆子留在村里，不再出去躲藏。有两匹马被烧伤，红军天亮以后便把马杀了，分了一些马肉给村民。其他村民知道这些情况后，说这是帮助穷人的队伍。消息一个传一个，不多久，村民都陆陆续续回了家。

那天，红军留下人来召开群众大会，公审三个放火者。

三人被押上来后，伍兴怀等村民指着其中个头稍矮的那人大喊："咦？！这不是伍户高嘛，怎么把他也给绑了？"

红军战士说："这个人鬼鬼祟祟的，在四处翻找东西，肯定不是好人。"

早已被吓得半死的伍户高这才缓过神来，哭丧着脸，说："我是昨夜见自家房子起火了，从山上跑回来的。他们说之前没见过我，说我是特务，就抓了起来，跟两个纵火犯关在一起。"

伍兴怀问："你是第一个回村的吗？"

伍户高答："黑灯瞎火的，不知道啊。眼看寨子烧着了，我心里一急，就跑回来了，想着能不能从我屋里抢点吃的用的。"

红军办事倒也认真，经过再三核实，还让人把伍户高带到他老子面前相认。

确认是龙坪村村民后，有个红军说："真的是本地人。"

这才给他松绑，当场放了。

另外两人则被查出是混进挑夫队伍的奸细，据说，他们一路跟着红军，每到一个地方，就伺机放火，激化红军和当地老百姓的矛盾，挑拨离间。台下的村民群情激奋，个个摩拳擦掌，咬得牙齿咯咯响，喊着要剁了这两个挨千刀的。那两个家伙哪见过这阵势，吓得面如土色，身子像筛糠一样抖个不停，连声大呼饶命。

会场中央摆了张方桌，两排红军战士站在两边。特务被押过来跪在桌前，四名高个子红军死死盯着他俩。

戴眼镜的领导大声宣布了他们的罪状。

一声令下，两人被拉到寨尾，以纵火罪毙掉了。

二百多间民房毁于一旦，心疼啊！你要晓得，龙坪寨的房屋全是木楼，除极少数大户有瓦背，其余多数人家的房屋都是凭秸秆或茅草、树皮围起来的，点着以后，火借风势，越烧越猛，天都快烧焦了。

后来是周恩来命人把管事的人找来，要他们调查我们群众的受灾情况，又向村民及时宣传共产党的民族政策，在古戏台发放一些救济，做好善后工作。

红军一边修整队伍，一边开展赈灾工作，给穷人发救济钱。

怎么判断谁是穷人呢？红军自有红军的办法。首先看你的手掌，看你手掌是不是有茧，有老茧的，茧厚的，就多给一点。还有就是看你穿得好坏、房子烧去多少间，如果你穿得好，特别是穿官布的，就不发。他们说，你还有钱，不能给你。穿土布的呢，就发。

据伍兴怀回忆，他看见红军拿出四个口袋，每个袋子装有五十块光洋，共二百块，他得了三块，有的人得五块，也有的人得了十块八块的。吴老优、吴连芳家的茅房烧了，都得了。领到救济款的共二十多人吧。

据说一开始给的是苏维埃政府发行的钱币，老百姓不认识，不敢要，于是统一改发光洋。有户姓杨的，杨万合，说他家烧了两间茅屋，当即得了九块光洋。杨家人拿这些钱买田买牛，积少成多，慢慢富裕起来。我们吴家的房子也烧光了，但是我们是大户，大户是不会给钱的。有个叫伍户益的，家中两座五间的瓦房也被烧了，他也想领救济款，因为是个富户，也是不会给的。这个事情给群众的印象很深。

还有件事，寨里的人也一直记得。有个从山上回来的村民发现自家的猪潲不见了，锅里用钱压着张便条。条上说"老乡对不起，没经过你的许可，就把你家东西吃了，留下两个银圆以作补偿"。

火灾后，红军发现少了一个战士，派人里里外外找，没找着，因为急着行军，也没接着细查下去，大概以为是昨夜混乱中走散了。

后来天长日久，村民已经慢慢忘记了这件事。直到新中国成立后若干年，村民在当年火灾后留下的废墟上开菜园——在现在广场的位置——刨出一具遗骸来，老一辈推断，可能是当年火灾失踪的那名战士。火灾前，广场这里是学堂。那场火烧得太猛，救火的时候有伤亡也不奇怪。为什么能断定是红军战士呢？因为当地有约定俗成的风俗：寨子里面是不允许埋死人的，也就是说，本地人去世后不可能葬在寨子里。

红军开拔前，几个做小买卖，挑辣椒、干货出去换盐的村民被红军找去，说要请他们带路。因为他们经常往外跑，南来北往走村串户，既识得湘桂古道怎么走，又懂得如何和沿途的各色人等打交道。伍户斌、杨光耀、吴昌茂便答应了下来。三人做向导兼翻译，带着红军出广西壕，过通道，走到贵州省黎平才返回来。他们说，红军为表示感谢，给了每人一点钱作为酬劳。有一枚长得和"袁大头"很像的银圆，现在还留在龙坪，你看，我手机里还保存有照片，它正面居中写着"两角"，上下分别写"中华苏维埃共和国"和"公历一九三二年"，左右各一个五角星图案，反面除了地球上的斧头、镰刀和稻穗，还写着"每五枚当一圆"，虽然历经数十年沧桑岁月，钱币依旧银光闪闪。

伍户斌是个家境贫寒的粗人，以为自家反正一贫如洗，就留在村里。初四（1934年10月10日）那天，他吃过早饭后到寨背去探消息，正好遇上亲戚布连也走到那个山坳，两人就蹲在地上闲聊起来。这时，

1932年2月，中华苏维埃银行在瑞金叶坪成立，行长是毛泽民。为了稳定经济，防止白银外流，苏区开始广泛回收银器、银饰等回炉熔化。1932及1933年铸造发行的这种贰角银毫，重1.44钱左右（1.44钱约为7.2克）。

五个红军战士突然出现在他俩面前，布连拔腿就跑。红军喊："老乡，不要怕，我们是红军！"布连可能没听懂，也可能是害怕，红军越喊，他越跑，喊声越大，跑得越快，很快就没了影子。红军看着他消失在山林，没追赶。"老乡莫怕，"他们对正要转身离开的伍户斌说，"我们是贫苦人自己的革命队伍，不会伤害你们的。"伍户斌没敢作声，但他们的话他听懂了大半。"我们是侦察兵，大队伍很快就来了，今晚要在你们村里借宿，想请你带我们到寨子看看地形和房子。"伍户斌见他们没有恶意，说话又客客气气，就接受了他们的请求，带他们从东向西在龙坪寨走了个遍。

当他们回到大树底的三岔路口时，红军大部队就像一条长龙涌向寨子来了。大部队离开龙坪，伍户斌很自然地被请做向导，他带的是保卫局的人。伍户斌后来说，他带红军走广西壕出湖南，经过遂宁、通道进入贵州境内，在贵州走了十几天，过了最后一个侗族地区，他的向导兼翻译任务算是完成了。临别前，他被带到领导那儿，领导请他吃了饭后，交给他一张通行证，再发给他二十多块光洋做回家的路费。

寨里也有当了红军，一去不回的。姓曹的兄弟俩，原本是外地逃荒来龙坪的长工，已在这里住了些日子，两人都是二十多岁的单身汉，反正房子也挨烧了，第二天干脆报名参军，跟着红军走了。兄弟俩以后再也没回来。

龙坪被烧的同一天，十公里外的广南村也被烧了。

12月10日清晨，中央第二纵队从横水、芙蓉出发，傍晚时分到达宿营地广南寨。当时，广南空荡荡的，村民也都跑去寨子周围的半山上躲着。曾亲眼看见大火发生的老人说，红军进寨不久，天将黑时，火灾就发生了，由寨尾烧到寨头，不久后，又望见龙坪这边也满天通红，龙坪寨也起火了，两处大火的火光连成一片，染红了十几里夜空……

红军在我们龙坪没打仗，后卫部队为保障主力顺利西进，沿途一路设防，边打边退，在泗水、平等、河口等地遏阻一路尾追的桂军、民团，牺牲了多名红军战士。

口述人：吴成平，龙胜县平等乡龙坪村委会主任。

历史回闪

十天以后……

1934年12月18日上午。

一场突如其来的暴雨，将路上的行人全都淋湿了，只见狂风骤起，乌云压顶，一阵黑雾扫过，立刻又一阵大雨有如自天上狂泻而下。贵州黎平狭窄的街道上，只偶尔有一两架人力车飞奔跑过。

此刻，中央政治局正在这个偏安一隅的小县城召开会议。

参加会议的有周恩来、博古、毛泽东、陈云、刘少奇等。李德因病没有出席，他委托人把自己的意见带到了会场。

会上，就红军的进军路线问题展开了激烈的争论。博古又提出由黔东北上湘西，同红二、六军团会合。毛泽东主张继续向贵州西北进军，北渡乌江，直取遵义，在川黔边区建立新的根据地。这得到了大多数与会者的肯定。主持会议的周恩来决定采纳毛泽东的意见，"向遵义进发，一下子就能把十几万敌军甩在湘西，我们争取了主动"。

尽管自己的意见被否定，博古还是服从会议决定。经过湘江一战后，他现在和过去已有很大不同，失去了那种专横的神气。

下午，雨终于停了。贵州省黎平县德凤镇二郎坡52号那座清代建筑上方，被雨洗得一尘不染的天空中，突然出现了一道彩虹。

黎平会议已近尾声。

主持人周恩来站起来，环顾四周，朗声宣读会议决议：

会议经过讨论，通过了《中央政治局关于战略方针的决议》：

1.鉴于目前所形成之情况，政治局认为，过去在湘西创立新的苏维埃根据地的决定，在目前已经是不可能的并且是不适宜的。

2.根据于：甲、使我野战军于今后能取得与四方面军及二、六军团之密切的协同动作。乙、在政治的、经济的及居民群众的各种条件上，求得有顺利的环境，便利于彻底地粉碎五次"围剿"及今后苏维埃运动及红军的发展。

政治局认为，新的根据地应该是川黔边区地区。在最初应以遵义为中心之地区，在不利的条件下，应该转移至遵义西北地区。但政治局认为，深入黔西、黔西南及云南地区对我们是不利的。我们必须用全力争取实现自己的战略决定，阻止敌驱迫我至前述地区之西南或更西。

后记

中央红军过广西那年，我的大伯父张育林12岁，和红军相处了一天一夜后，为红军带路到雷公岩，他不仅不害怕，还有点小兴奋。因为年纪太小，他没参加红军，但革命的火种已点燃。1941年，国难当头，抗日战争如火如荼，正是前线兵源紧缺的非常时期，他义无反顾地报名从军，冲向抗日前线。

我外婆的娘家在塘坊边。翻越老山界前，红军总司令朱德的临时指挥部就设在塘坊边衡州会馆，距外婆家仅300米。外婆在世的时候不止一次说过，那些当兵的苦啊，尤其是走在后面的，个个破衣烂衫，有些饿得路都走不稳了，我妈妈心肠好，为他们熬了一大锅稀饭。

我是日复一日听着红军故事长大的。红军的故事让我懂得很多。

我的小哥，他小时候看牛时经常捡到子弹壳，然后向我炫耀。他带我来到龙塘江口，在参天古树下寻找红军后卫架设机枪的岩石，机枪支架磨出的深槽清晰可见。现在我突然想起，那儿正是大伯将红军送到老山界脚下后，拿着红军给的两块大洋，屁颠屁颠往回跑着，突然被打伏击的战士一把抓住的地方。

我老家过江铺的后龙山上，战壕、工事依旧保存完整，像一条长龙盘踞山腰，守护着我们村……

尽管战争的硝烟已远去，但我却从未感觉到自己与那段历史离得太远。我每天生活在红军走过的土地上，感受着那群血肉丰满的人，从我眼前走过，从我脑海里走过。

多少次，我在晨雾中驱车直奔永安关，从中央红军进入广西的地方开始，灌阳新圩、湘江各大渡口、全州脚山铺、兴安光华铺、西延油榨坪、兴安锐炜、华江老山界、龙胜侗寨……我沿着他们经过广西境内的足迹一遍一遍追寻。

我徒步十几个小时翻越当地人嘴里的鬼门关老山界，途中多次肌肉痉挛，不得不躺倒在地，还从宽不过盈尺的古道滑下，幸而同行者眼疾手快，将我一把捞住，回头看去，脚下是万丈深渊。在一个叫杀人坳的地方，我饥渴难耐，俯身去捧一口山泉，泉水幻化成一面镜子，映照出无数疲惫但鲜活的面孔，他们黝黑消瘦，头顶红五星，目光坚毅……

史料是扁平化的，当我站在现场，那些故事才逐渐立体。

在黑云压顶、暴雨即将再次来袭的那个下午，我将车停在三千界山顶，一个人穿过湿漉漉的丛林。密布的荆棘，撕拽着我的头发、衣角。枯枝软藤，抽打、羁绊着我的膝盖、脚步。望着泥泞的盘山路，历史的影像一幕幕清晰、鲜活、叠加。我站在可以鸟瞰湘江的高处久久伫立，蓦然产生了一种心灵的穿越，似听到枪炮声席卷而来，在耳畔响起。我强烈的创作冲动被瞬间激活。

创作这个主题的想法早已有之。

最早大约可以追溯到2000年，我历时数年，凭一己之力，在老山界脚下建起"老山界红军长征纪念馆"，请到国防部原部长迟浩田将军题写馆名。近年，应当地政府之邀创作了几组大型长征雕塑。这都是一种储备。

2018年，我把一组再现红军艰难翻越天险老山界的大型石雕作品命名为《征服老山界》，雕塑落成时，我就在想，终有一天，我要完成湘江战役系列文学作品。

我的好友，知名出版人沈伟东曾说，中国史乘，向来缺少民间话语，尤其缺少以历史为背景，底层百姓的生活史。

《湘江战役的民间记忆》通过对48位普通百姓的采访，通过对细节的记录，还原了血脉生动的历史原态。

亲历者口述那场突如其来的战争，口述当时的生活状态及惊恐、逃避、不知所措，口述与红军及国民党军的交集，把我带到那个时代场景。这种"现场感"迥异于影视作品的艺术化渲染，它还原了个体在战争来临时的经历和体验，也通过个体的经历和体验，多角度观照隐没在正史背后的更多细节和真相。

受访者均为底层百姓。客观的民间记忆，也是客观的百姓生活史，从他们的人生磨难和现实生存状态入手，记录中国底层百姓坚忍不拔的民族性格，是创作这部作品的一个重要意义。

而创作过程是疼痛的。

我一度反复梦见自己在腥风血雨的湘江边，眼见缺胳膊少腿的年轻士兵，随着炮声起伏，被冲天的水柱掀起老高，又重重摔入江底。天空，枪弹呼啸；江中，呼天抢地；岸边，血肉模糊。而我置身其中，却又分明知道我只是一个看客，这才更加可怕——你身处最残酷、最惨烈、最悲壮的战场，却什么也做不了。意识格外清醒，四肢却异常麻木。浓烈的血腥味就那样真切地扑向你。然后，惊出一身冷汗，再也无法入睡。

这样的午夜惊魂，在我创作《湘江战役的民间记忆》《征服老山界》的日子里时有发生。

我很清楚，由我来写是必然的，冥冥中早已注定。

谨以此书向在战争中牺牲的先辈们致敬！向受访者和提供女性受访者信息的兴安县妇女联合会致谢！

是为记。

2021年3月26日于过江铺